Lehr- und Studienbriefe
Kriminalistik / Kriminologie

Herausgegeben von

Horst Clages, Leitender Kriminaldirektor a.D.,
Wolfgang Gatzke, Direktor LKA NRW a.D.

**Band 16
Grundlagen der
Kriminaltechnik I**

von
Christoph Frings
Frank Rabe

VERLAG DEUTSCHE POLIZEILITERATUR GMBH
Buchvertrieb

Bibliographische Information der Deutschen Nationalbibliothek

Die Deutsche Nationalbibliothek verzeichnet diese Publikation in der Deutschen Nationalbibliographie; detaillierte bibliographische Daten sind im Internet über http://dnb.d-nb.de abrufbar.

www.vdpolizei.de

2. Auflage 2016
© VERLAG DEUTSCHE POLIZEILITERATUR GMBH Buchvertrieb; Hilden/Rhld., 2016
Alle Rechte vorbehalten
Satz: VDP GMBH Buchvertrieb, Hilden
Druck und Bindung: Griebsch & Rochol Druck, Hamm
Printed in Germany
ISBN 978-3-8011-0773-4

Vorwort

Im Rahmen der Beweisführung in einem Strafverfahren kommt dem Personalbeweis eine große Bedeutung zu. Viele Urteile basierten in der Vergangenheit nur auf den Aussagen von Zeugen, als eine „Krone der Beweisführung" wurde ein Geständnis des Angeklagten angesehen.

Sowohl Aussagen von Zeugen als auch von Angeklagten entsprechen aus vielerlei Gründen nicht immer den Tatsachen. Sei es, dass der Zeuge das Geschehen nicht richtig beobachtet hat oder sei es, dass er Erinnerungslücken hat, die er nicht gerne zugeben möchte – Gründe für eine geschönte Aussage gibt es viele.

Der wissenschaftliche Fortschritt der letzten Jahrzehnte führte zur Entwicklung neuer und zunehmend feinerer Untersuchungsmethoden, als Beispiel sei hier nur die DNA-Analyse angeführt. Die Bedeutung des Sachbeweises im Strafverfahren ist somit kontinuierlich gestiegen und hat heute einen Stellenwert erreicht, der sicherlich dem Personalbeweis ebenbürtig ist. Hierbei darf nicht vergessen werden, dass eine Interpretation der aufgefundenen Spuren vielfach erst anhand von Zeugenaussagen möglich ist. Aber aufgefundene und professionell gesicherte Spuren gestatten heute vielfach eine sehr weitgehende Möglichkeit, Zeugenaussagen oder Aussagen des Beschuldigten oder des Angeklagten auf ihre Glaubwürdigkeit hin abzuprüfen. Vielfach werden Ermittlungshinweise auch erst dadurch erlangt, dass Fingerabdrücke oder DNA mit entsprechenden Dateien von bereits einschlägig aufgetretenen Personen abgeglichen werden.

Dieses Buch richtet sich in erster Linie an Studierende der Polizeifachhochschulen des Bundes und der Länder sowie an Beamtinnen und Beamte des Wach- und Wechseldienstes und der kriminalpolizeilichen Ermittlungspraxis und deckt dabei das notwendige Fachwissen für das Fach Kriminaltechnik ab.

Zum besseren Verständnis haben wir die verwendeten Fachbegriffe durch griffige Beispiele und aussagekräftiges Bildmaterial erläutert. Zu Dank verpflichtet sind die Autoren hier den Mitarbeitern des Kriminaltechnischen Institutes des Landeskriminalamtes NRW für ihre freundliche und geduldige Unterstützung bei der Fertigung entsprechender Bilder in den Bereichen Brandspuren und Werkzeugspuren. Vorangestellt wurde ein Leitsachverhalt. Am Ende des zweiten Bandes finden Sie eine Komplettlösung zur Aufgabenstellung. In den jeweiligen Fachkapiteln wird zur Erläuterung der einzelnen Beispiele (kursiv geschrieben) immer Bezug auf den Leitsachverhalt genommen.

Als Autoren haben wir uns am fachlichen Sprachgebrauch der „Anleitung Tatortarbeit – Spuren" (ATOS) orientiert, die durch das Bundeskriminalamt herausgeben wurde.

Bei den Organisations- und Ablaufstrukturen sind die Gegebenheiten in Nordrhein-Westfalen zugrunde gelegt. Diese können sich im Hinblick auf andere Bundesländer unterscheiden.

Aufgrund der stofflichen Fülle und des umfangreichen Bildmaterials haben wir uns entschieden, die Thematik in zwei Bänden darzustellen.

Frank Rabe   Christoph Frings

Inhalt

Im vorliegenden Band **„Grundlagen der Kriminaltechnik I"** sind abgedruckt:

Vorwort 3
Zur Einführung.. 7
- Kriminaltechnik als Fachdisziplin der Kriminal-
  wissenschaften 7
- Leitsachverhalt 8

1	**Begriffsbestimmungen**	11
1.1	Spurenbegriffe	11
1.2	Spurenarten	13
1.2.1	Situationsspuren	15
1.2.2	Gegenstandsspuren	15
1.2.3	Materialspuren	15
1.2.4	Formspuren	16
1.2.5	Digitale Spuren	17
1.3	Fachdienststellen im Bereich der Kriminaltechnik	17
1.3.1	Funktion und gesetzliche Aufgabenzuweisung des Bundeskriminalamtes im Bereich des Erkennungsdienstes........	17
1.3.2	Funktion und gesetzliche Aufgabenzuweisung des Landeskriminalamtes NRW im Bereich des Erkennungsdienstes............	18
1.3.3	Erkennungsdienst	18
1.3.4	Kriminaltechnische Untersuchungsstellen	19
1.3.5	Nachrichtensammelstellen	20
1.3.6	Kriminaltechnische Untersuchungen im Land NRW	21
1.3.7	Sachverständiger	21
1.4	Beweiswert und Beweiskraft	23
1.4.1	Grundsätze der Beweiserhebung und Beweisführung	23
1.4.2	Personal- und Sachbeweis	25
1.4.3	Individual- und Gruppenbeweis	27
1.4.4	Ausschluss	29
1.4.5	Sammlungsvergleich	29
1.4.6	Altersbestimmung von Spuren	30
1.4.7	Indiz	30
2	**Spurensuche**	31
2.1	Tatort	31
2.1.1	Strafrechtlicher Tatort	30
2.1.2	Kriminalistischer Tatort	32
2.2	Sicherungs- und Auswertungsangriff	34
2.3	Grundsätze der Spurensuche	36
2.4	Systematik der Spurensuche	38
2.5	Hilfsmittel der Spurensuche	39
3	**Grundlagen der Spurensicherung**	51
3.1	Dokumentation der Spuren/Spurenlage	51
3.1.1	Tatort-/Unfallskizzen	52
3.1.2	Lichtbildmappen	54

3.1.3	Vollsphärische Digitalaufnahmen und Dokumentationssoftware	57
3.1.4	Luftaufnahmen	59
3.2	Tatortvermessung	60
3.2.1	Monobildverfahren NRW	60
3.2.2	Photogrammetrieverfahren	60
3.2.3	3-D-Laserscanner	61
3.3	Allgemeine Grundsätze der Spurensicherung	62
4	**Einzelspuren**	**68**
4.1	Menschliche Ab- und Eindruckspuren	68
4.1.1	Daktyloskopie	68
4.1.1.1	Allgemeines	68
4.1.1.2	Grundsätze der Daktyloskopie	69
4.1.1.3	Feststellung von Spurenverursachern	69
4.1.1.4	Identifizierung von Personen	82
4.1.2	Ohrabdruckspuren	89
4.2	Technische Formspuren	93
4.2.1	Schuhab- und Eindruckspuren	93
4.2.2	Reifenab- und Eindruckspuren	99
4.2.3	Werkzeugspuren	100
4.2.4	Prägezeichen	119
	Zu den Autoren	129
	Quellenverzeichnis	131
	Abbildungsverzeichnis	135
	Stichwortverzeichnis	139

Im nachfolgenden Band „**Grundlagen der Kriminaltechnik II**" sind abgedruckt:

	Zur Einführung	
	• Leitsachverhalt	
4.3	Sonstige Formspuren	
4.4	Besondere Spurenkomplexe	
4.5	Schuss- und Schusswaffenspuren	
4.6	Geruchsspuren	
4.7	Schriften	
4.8	Stimmen	
4.9	Chemische Fangmittel	
4.10	Digitale Spuren	
5	**Brandspuren**	
5.1	Brandzehrung, Pyrolyseprodukte (Rußablagerungen) und Putzabplatzungen	
5.2	Brandbeschleunigungsmittel	
5.3	Brandspuren an Personen	
6	**Anhang**	
6.1	Beispielschema für Tatortbefundbericht	
6.2	Lösungsskizze zum Beispielsachverhalt	

Zur Einführung

Kriminaltechnik als Fachdisziplin der Kriminalwissenschaften
Das Wort Polizei wird allgemein auf das griechische Wort „politeia" zurückgeführt, womit in der Antike alle öffentlichen Angelegenheiten bezeichnet wurden, die mit der polis (der Stadt und ihrem Umland) zusammenhingen. „Cicero überträgt das griechische Wort ‚politeia' dann in das Lateinische ‚politia'."[1]
Bei der Verfolgung von Straftaten bedient sich die Polizei kriminalwissenschaftlicher Erkenntnisse. Die Kriminalwissenschaften lassen sich grundsätzlich in die juristischen und die nichtjuristischen Kriminalwissenschaften unterscheiden.
Der Bereich der nichtjuristischen Kriminalwissenschaften kann dann unterteilt werden in Kriminologie und Kriminalistik.
„Die Begriffe ‚Kriminalistik' und ‚Kriminologie' rühren von dem lateinischen Wortstamm ‚crimen' = das Verbrechen her."[2] Die Begriffsentstehung selbst wird auf den Grazer Kriminalwissenschaftler Hans Groß zurückgeführt.
„Der Begriff Kriminologie wiederum leitet sich vom lateinischen Wort ‚crimen' (Verbrechen) und dem griechischen Wort ‚logos' (Lehre) ab. Vom Wortsinn somit die Lehre vom Verbrechen."[3]
Im Gegensatz hierzu kann die Kriminalistik kurz als die Lehre von der repressiven und der präventiven Verbrechensbekämpfung angesehen werden. Es gibt in der Literatur unterschiedliche Ansichten über die „Unterdisziplinen" der Kriminalistik, zu denen auch die Kriminaltechnik gehört.

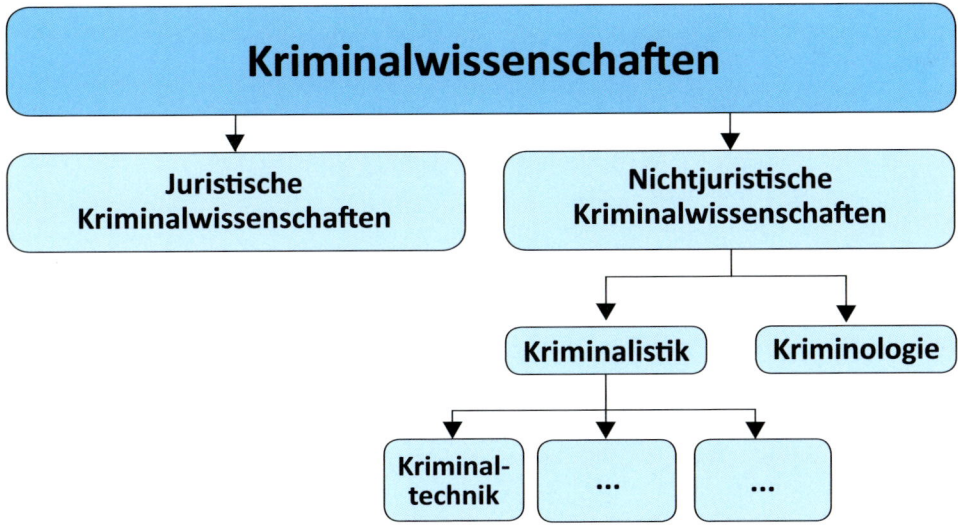

Abb. 1: Unterteilung der Kriminalwissenschaften

---
1 Dams in Möllers, S. 1456.
2 Gusy in Berthel/Mentzel/Neidhardt/Schröder/Spang/Weihmann, S. 9.
3 Clages/Zimmermann, S. 22.

Zur Einführung

Leitsachverhalt

1.1 Allgemeine Lage

Im Zuständigkeitsbereich des Polizeipräsidiums Münster gibt es derzeit keine Sexualdelikte mit einem auffälligen Modus Operandi. Sexuelle Gewaltdelikte werden im Kriminalkommissariat 12 der Direktion Kriminalitätsbekämpfung bearbeitet.

1.2 Besondere Lage

Am 21.12.2014 geht gegen 18.30 Uhr auf der Leitstelle MORITZ der Notruf des

> Herrn
> Egon Müller
> Münster-Hiltrup, Marktallee 15f [4]

ein. In diesem Notruf berichtet er, dass versucht worden sei, eine junge Hausbewohnerin zu vergewaltigen. Er habe den Täter jedoch verscheucht.

Die erste Funkstreifenwagenbesatzung trifft gegen 18.35 Uhr am Tatort ein. Durch die eingetroffenen Kräfte werden folgende Feststellungen getroffen:

Vor Ort hat offensichtlich ein versuchtes Sexualdelikt stattgefunden. Geschädigt ist die

> Jale Peksoy
> Geb. 02.11.1995/Sarkoy (Türkei)
> Münster-Hiltrup, Marktallee 15f
> Bankkauffrau

Das Wohn-/Geschäftshaus Marktallee 15f liegt an der Geschäftsstraße des Ortes Münster-Hiltrup. Es handelt sich hierbei um ein 5-geschossiges Wohn-/Geschäftshaus. Das Gebäude macht einen gepflegten Gesamteindruck. Es liegt direkt an der Straße Marktallee, durch eine Hofdurchfahrt gelangt man zu Fuß oder mit dem Pkw auf einen hinter dem Haus gelegenen, gepflasterten Parkplatz (Größe für ca. 40 Pkw, Gelände ohne höhere Bepflanzung).

Sowohl von der Gebäudevorderseite als auch dem Parkplatz gelangt man in den Hausflur. In der Zeit von 7 – 19 Uhr ist die Haustüre nicht verschlossen. Das Ladenlokal im Erdgeschoss verfügt über einen separaten Eingang.

In dem Gebäude befinden sich in jeder Etage insgesamt zwei Wohnungen. Die Wohnung der Geschädigten und ihrer Eltern liegt in der obersten Etage. Im Treppenhaus der jeweiligen Etage befinden sich die Sicherungskästen für die Stromversorgung. Diese sind in Stahlblechausführung gefertigt und mittels eines kleinen Rundzylinderschlosses gesichert. Die Wohnungseingangstüren sind Standardware mit Türspion und Sicherheitsbeschlägen.

Bei der Wohnung der Geschädigten und ihrer Eltern handelt es sich um eine ca. 90 qm große Vierzimmerwohnung mit Küche, Diele, Bad und separatem WC.

Die Geschädigte gibt in einer ersten Befragung gegenüber der Streifenwagenbesatzung an, dass sie gegen 18.20 Uhr plötzlich bemerkt habe, wie in der Wohnung das Licht ausgegangen sei. Zu diesem Zeitpunkt habe sie sich in ihrem Zimmer aufgehalten. Sie habe dann zunächst probiert, ob eventuell nur die Lampe defekt sei. Da in der Wohnung aber kein Licht mehr funktioniere, habe sie die Wohnungstüre geöffnet, um nach den Sicherungen zu schauen. Im Hausflur habe zu dieser Zeit kein Licht gebrannt.

---

[4] Sämtliche Personendaten im Sachverhalt sind fiktiv.

Urplötzlich habe sie dann ein dunkel gekleideter Mann gepackt und in die Wohnung zurückgedrückt. Das Gesicht habe sie nicht erkennen können, da er mit einer schwarzen Skimaske mit Gesichtsausschnitt maskiert gewesen sei. Der Mann habe ihr dann ein Messer vors Gesicht gehalten und sie mit der anderen Hand vorne am Hals gepackt und ihr die Luft abgedrückt, sodass sie nicht schreien konnte. Er habe sie dann mit vorgehaltenem Messer in das erste Zimmer hinter der Wohnungstüre geschoben. Dies sei eigentlich das Zimmer ihres 11-jährigen Bruders.

Dort habe er sie auf die Jugendliege gedrückt und im gebrochenen Deutsch gefordert: „Ich will jetzt Sex mit dir, wenn du weiterleben willst, hältst du die Klappe!" Anschließend habe er ihr den Rock hochgeschoben und den Slip heruntergerissen.

Bevor der Täter die Hand von ihrem Hals genommen habe, habe er gedroht: „Ich nehme jetzt die Hand von deinem Hals, wenn du schreist, bist du tot." Danach habe der Täter die Hand von ihrem Hals genommen. Im Wohnungsflur habe sie dann einen Lichtschein bemerkt. Sie habe im Treppenhaus gehört, dass ihr Nachbar, Herr Müller, aus seiner Wohnung ins Treppenhaus getreten sei. Sie habe die Chance genutzt, laut um Hilfe geschrien und mit den beschuhten Füßen nach dem Täter getreten. Daraufhin habe der Täter die Flucht ergriffen.

Abb. 2: Verwendete Tatwaffe mit blutsuspekten Anhaftungen an Klinge und Messergriff

Bei einer ersten Inaugenscheinnahme des Tatortes, durch die Beamten des Streifendienstes, wird auf dem Fußboden des Tatzimmers ein sog. Ausbeinmesser (Küchenmesser mit ca. 15 cm langer Klinge/Standardware) gefunden. An dem Messer sind Blutanhaftungen feststellbar, obwohl die Geschädigte keine blutende Verletzung davongetragen hat. Vor der Jugendliege wird weiterhin ein Damenslip gefunden, der am rechten Beinausschnitt eingerissen ist. Weiter liegt vor der Jugendliege ein Päckchen original verpackter Präservative, die offenbar nicht der Geschädigten oder ihrem Bruder gehören. Erkennbar ist der Preisaufkleber der Kanal-Apotheke. Diese befindet sich ca. 500 m vom Tatort entfernt. Unter der Jugendliege findet sich ein schwarzes Smartphone der Marke HTC. Das Handy befindet sich offenbar im eingeschalteten Zustand. Die Geschädigte gibt an, dass es sich weder um ihr Handy, noch um das ihres Bruders handelt.

Am Hals der Geschädigten ist im Kehlkopfbereich eine deutliche, ca. 10 x 15 cm große, ovale, ausgeprägte Hautrötung mit Unterblutungen erkennbar.

Die Blechtüre des Sicherungskastens für die Tatwohnung steht offen. Sowohl an der Seitenwand des Sicherungskastens als auch an dessen Blechtüre befinden sich mehrere, ca. 10 mm breite, Hebelmarken eines flachen Werkzeuges. Zur Zeit befindet sich die Geschädigte in der Wohnung des Zeugen Müller. Die Wohnung selbst und mögliche Spuren am Sicherungskasten werden durch eine Streifenwagenbesatzung abgesichert. Die Geschädigte war zum Tatzeitpunkt alleine in der Wohnung, ihre Eltern und ihr 11-jähriger Bruder waren für drei Wochen in die Türkei gereist.

Die Arbeitsstelle der Geschädigten befindet sich im Gebäude Marktallee 115 (Entfernung zur Wohnung ca. 1.000 m).

2 Auftrag

2.1 Erläutern Sie im Rahmen der kriminalistischen Fallanalyse jeweils die Tatsituation und die Beweissituation.

2.2 Erläutern Sie, welche Ermittlungsmaßnahmen im Rahmen des Auswertungsangriffs durch die Kriminalwache zu treffen bzw. zu veranlassen sind.

3 Fortsetzung des Sachverhaltes

Im Rahmen der weiteren Ermittlungen kann durch das Kriminalkommissariat 12 der bereits wegen bewaffneten Raubes auf Tankstellen und wegen sexueller Nötigung in Erscheinung getretene

> Horst Seemann
> * 01.02.1961/Meerstadt
> A-Stadt, Weseler Straße 363a

ermittelt werden.

Im Rahmen der Wohnungsdurchsuchung wird bei dem Beschuldigten keine Tatbekleidung gefunden. In der oberen Schublade der Flurkommode kann durch die Durchsuchungskräfte eine halbautomatische Selbstladepistole

> Walther PPK, Kaliber 7,65 mm,
> Waffennummer 675 876

aufgefunden werden. Das Magazin der Waffe ist mit sieben Schuss gefüllt. Eine entsprechende Erlaubnis zum Besitz der Waffe hat Seemann nicht, daher werden die Schusswaffe und die Munition durch die Beamten beschlagnahmt.

Weiter werden in der Schublade eine schwarze Skimaske, mehrere Schraubendreher von unterschiedlicher Breite und eine Polygripzange gefunden.

1 Begriffsbestimmungen
1.1 Spurenbegriffe

„**Spuren** im kriminaltechnischen Sinn sind sichtbare oder latente materielle Veränderungen, die im Zusammenhang mit einem kriminalistisch relevanten Ereignis entstanden sind und zu dessen Aufklärung beitragen können."[5]

Am Tatort einer Straftat werden oft eine Vielzahl von materiellen Veränderungen (= Spuren) festgestellt, wobei noch nicht klar ist, ob diese einen Bezug zu der zu untersuchenden Straftat haben. In welchem Umfang konkret Spuren am Tatort festgestellt werden, hängt stark von der begangenen Straftat ab, so sind z.B. Tötungsdelikte grundsätzlich mit einem hohen Spurenaufkommen am Tatort verbunden, andere Straftaten wiederum nicht.

Im Rahmen der polizeilichen Tatortarbeit ist häufig noch nicht differenzierbar, ob Spuren einen Bezug zu der untersuchten Tat haben oder nicht. Daher sind zunächst einmal sämtliche Spuren zu sichern. Nicht unmittelbar nach dem Tatgeschehen gesicherte Spuren sind oft unwiederbringlich verloren. Die Differenzierung in echte Spuren, Trugspuren und fingierte Spuren ist dann später Aufgabe der kriminalpolizeilichen Sachbearbeitung.

Eine **Trugspur** ist eine „materielle Veränderung, die vor oder nach der Tat von Tatbeteiligten, von unbeteiligten Dritten oder durch Natureinflüsse verursacht wurde und zu falschen Schlussfolgerungen über ein kriminalistisch relevantes Ereignis führen kann, wenn sie als Tatspur, Täterspur oder Tatortspur fehlgedeutet wird"[6]. Die Spurenverursachung erfolgte also in Abgrenzung zur fingierten Spur unbeabsichtigt. Eine **fingierte Spur** ist eine „durch den Täter absichtlich verursachte materielle Veränderung [...], um ein nicht stattgefundenes Ergebnis (Vortäuschung) oder ein anderes als das tatsächliche Geschehen (Verschleierung) zu simulieren"[7]. Beispielsweise werden durch einen Tatbeteiligten an einer Bushaltestelle zwei Zigarettenkippen aufgesammelt und später bewusst zur Irreführung der Polizei am Tatort zurückgelassen. Genauso könnten gezielte Veränderungen durch das Tatopfer vorgenommen werden, um beispielsweise das eigene Verhalten besser oder das Tatgeschehen glaubwürdiger darzustellen (so z.B. nachträgliches Ausweiten der Beschädigungen an der Bekleidung eines Vergewaltigungsopfers).

Eine systematische Differenzierung lässt sich wie folgt darstellen:

---

[5] BKA, Anleitung Tatortarbeit – Spuren, Ziff. 1.0.1.
[6] Wirth, S. 586
[7] Wirth, S. 211

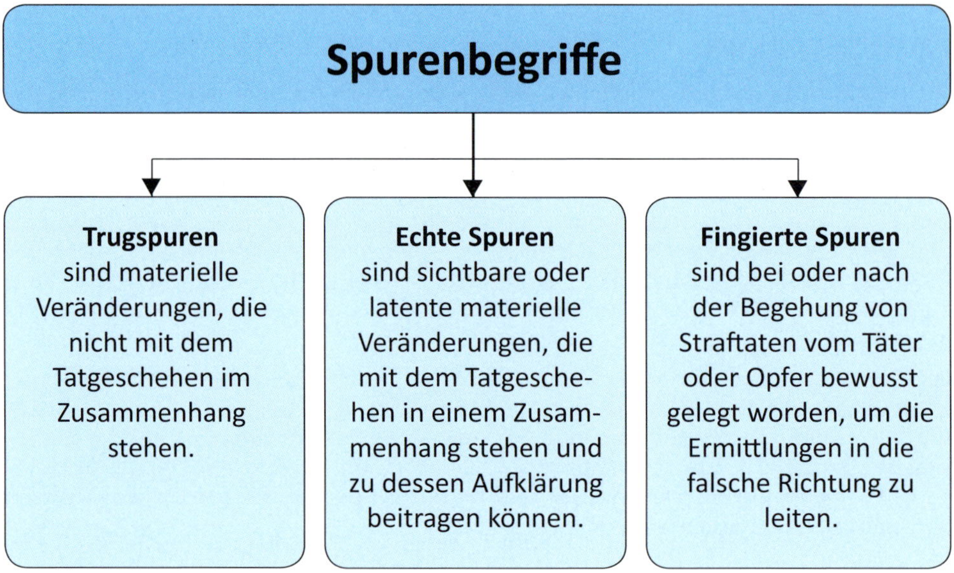

Spurenbegriffe

Trugspuren
sind materielle Veränderungen, die nicht mit dem Tatgeschehen im Zusammenhang stehen.

Echte Spuren
sind sichtbare oder latente materielle Veränderungen, die mit dem Tatgeschehen in einem Zusammenhang stehen und zu dessen Aufklärung beitragen können.

Fingierte Spuren
sind bei oder nach der Begehung von Straftaten vom Täter oder Opfer bewusst gelegt worden, um die Ermittlungen in die falsche Richtung zu leiten.

Abb. 3: Übersicht über die verschiedenen Spurenbegriffe

Im Leitsachverhalt könnte eine Vielzahl von Schuhabdruckspuren im Treppenhaus des Mehrfamilienhauses vorhanden sein, unter diesen dürften sich auch die Schuhabdruckspuren des bislang unbekannten Täters befinden. Weiter könnte im Treppenhaus ein benutztes Tempotaschentuch, im Rahmen der Tatortaufnahme, gefunden werden. Während der Tatortaufnahme durch die Kräfte der Kriminalwache ist aber zunächst unklar, welche Spuren tatrelevant und welche Spuren nicht tatrelevant sind. Eine bloße Beschränkung der Spurensicherung auf zweifelsfrei tatrelevante Spuren würde hier zu kurz greifen, denn nicht unmittelbar gesicherte Spuren wären nach der nächsten Reinigung des Treppenhauses unwiederbringlich verloren.

Befinden sich mehrere unterschiedliche Spuren an einem Spurenträger, so wird von einem **Spurenkomplex** gesprochen.

Einen solchen Spurenkomplex stellt das am Tatort verbliebene Messer des Täters dar. Obwohl die Geschädigte keine blutende Verletzung erlitten hat, sind an dem Griff des Messers Blutanhaftungen erkennbar. Aus dem Sachverhalt geht nicht hervor, ob es sich um frische Blutanhaftungen handelt. Die Vermutung liegt nahe, dass es sich hierbei um Blutanhaftungen des Tatverdächtigen handeln könnte. Weiter sind an dem Messer Fingerspuren zu erwarten.

„**Spurenverursacher** sind alle Subjekte und Objekte (Mensch, Tier, Gegenstand) sowie die Umwelt, die kriminalistisch verwertbare Veränderungen bewirkt haben. **Spurenträger** sind in der Regel Subjekte und Objekte, an denen sich eine Spur befindet."[8]

Als Spurenverursacher kommen also nicht nur der Täter als „Produzent" tatrelevanter Spuren, sondern auch andere Personen als Verursacher von Trugspuren in Betracht.

---
8 BKA, Anleitung Tatortarbeit - Spuren, Ziff. 1.0.1.

Abb. 4: Tatwaffe mit blutsuspekten Anhaftungen, aber auch zu erwartenden Fingerspuren

Der bislang unbekannte Täter hat am Tatort u.a. die Tatwaffe und offenbar ein Päckchen Präservative zurückgelassen. An dem Messer und der Verpackung der Präservative dürften sich Fingerspuren des Täters befinden, an dem Messer u.U. auch Blut des Täters. Durch den vermutlich engen körperlichen Kontakt zum Opfer dürfte es zu einer Faserspurenübertragung von der Täterbekleidung auf die Opferbekleidung gekommen sein. Bezüglich dieser Spuren ist der bislang unbekannte Täter als Spurenverursacher anzusehen.

Das Messer ist hier als Spurenträger von Fingerspuren und einer Blutspur anzusehen. Das Opfer ist hier gleichfalls als Träger tatrelevanter Spuren anzusehen, so u.a. von Faserspuren und grifftypischer Verletzungsspuren im Halsbereich.

Da sich am Griff der Tatwaffe eine Blutanhaftung befindet, das Opfer jedoch keine blutende Verletzung erlitten hat, könnte sich der Täter bei der Tatausführung verletzt haben. Durch den vermutlich engen Kontakt zum Tatopfer dürfte eine Faserspurenübertragung von der Opferbekleidung auf die Täterbekleidung erfolgt sein. In diesen Punkten ist der Täter als Spurenträger anzusehen.

1.2 Spurenarten

„Spuren können nach ihrer jeweiligen Bedeutung unterschieden werden in folgende Spurenarten:
– Gegenstandsspuren,
– Materialspuren,
– Situationsspuren,
– Formspuren."[9]

---

9 BKA, Anleitung Tatortarbeit - Spuren, Ziff. 1.0.1.

Digitale Aufzeichnungen werden von den o.a. Spurenarten nicht erfasst. sie sind als eine weitere Spurenart zu klassifizieren.

„Formspuren können erscheinen als
- Abdrücke,
- Eindrücke,
- Passspuren

sowie Gleitriefen, Schnitte, Brüche oder Risse und Formspuren besonderer Art."[10]

Eine systematische Darstellung dieser Differenzierung könnte wie folgt aussehen:

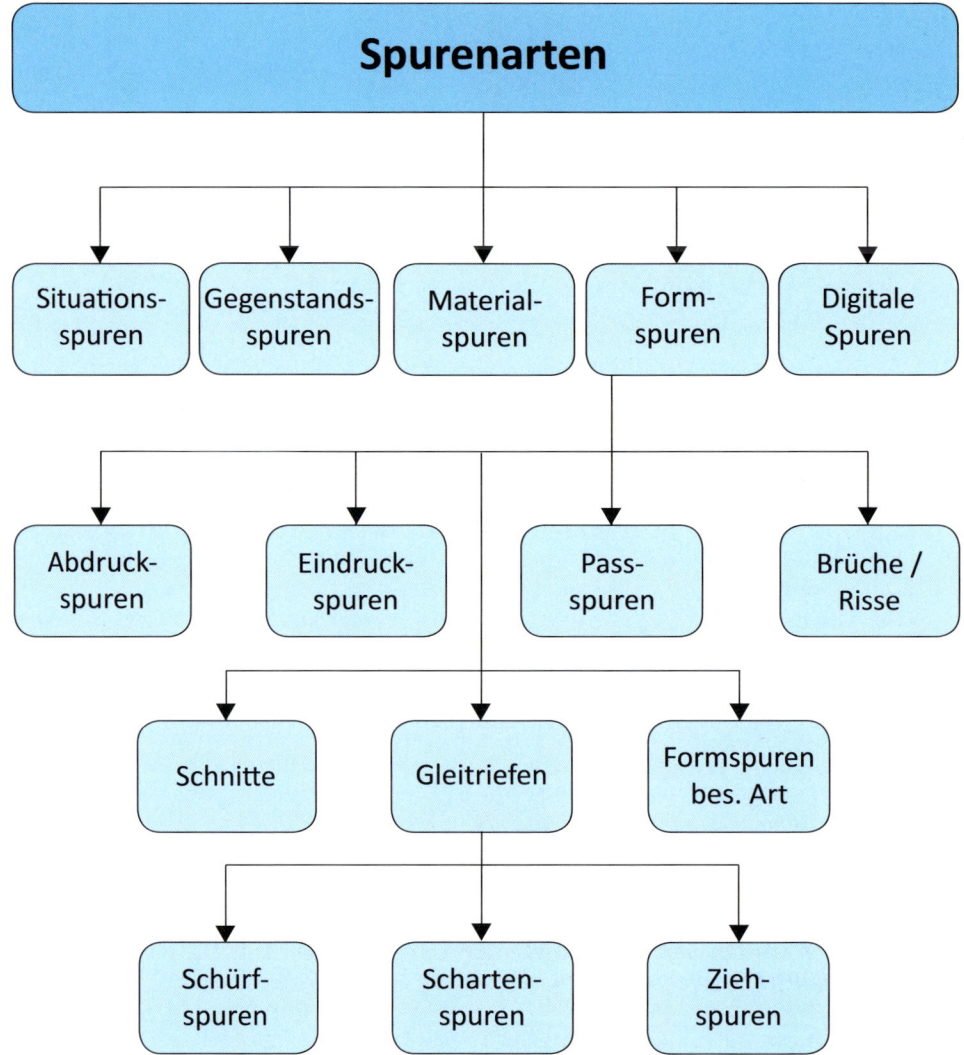

Abb. 5: Unterscheidung der Spurenarten, Formspuren und Gleitriefen

---

10 BKA, Anleitung Tatortarbeit – Spuren, Ziff. 1.0.2.1.

1.2.1 Situationsspuren

Die räumliche Lage von Spuren oder Gegenständen am Tatort wird als **Situationsspur** bezeichnet.

Situationsspuren gestatten u.a. Rückschlüsse auf die Entstehung der Spur und das Tatgeschehen. So gesehen stellt die Lage eines Gegenstandes oder die Position einer jeden am Tatort gefundenen Spur zugleich eine Situationsspur da.

Die Lage des am Tatort gefundenen Messers stellt zunächst eine Situationsspur dar. Aus der Lage des Messers in Kombination mit der Zeugenaussage der Geschädigten können Rückschlüsse auf das Tatgeschehen gezogen werden. Anhand der Spurenlage kann die Glaubwürdigkeit der Zeugenaussage der Geschädigten überprüft werden.

1.2.2 Gegenstandsspuren

Gegenstandsspuren sind am Tatort aufgefundene beweiserhebliche Gegenstände.

Je nach Verbreitungsgrad des Gegenstandes kann eine Herkunftsermittlung oder Verkaufswegfeststellung durchgeführt werden bzw. der Eigentümer des Gegenstandes ermittelt werden.

Das am Tatort aufgefundene Messer ist als Gegenstandsspur anzusehen. Auf der Klinge des Messers sind sowohl der Herstellungsort als auch der Name der Herstellungsfirma vermerkt. Je nach individuellem Verbreitungsgrad des Messers ist eine Verkaufswegfeststellung oder Herkunftsermittlung möglich. Hier wäre eine Anfrage beim Hersteller des Gegenstandes möglich. Weiter käme die Veröffentlichung eines Bildes der Tatwaffe in der örtlichen Tagespresse in Betracht.

1.2.3 Materialspuren

„**Materialspuren** sind Substanzen (fest, flüssig oder gasförmig), deren stoffliche Eigenschaften und Zusammensetzungen kriminalistische Schlüsse zulassen. Materialspuren sind insbesondere
– Schussspuren,
– Glas-, Lack-, Metall- und Kunststoffspuren,
– körperzellenhaltige Spuren,
– Haare,
– Boden-, Schmutz- und Pflanzenspuren sowie mikrobiologische Spuren,
– textile Spuren,
– toxikologische Spuren,
– Mineralölprodukte."[11]

Die an dem Messer befindlichen Blutanhaftungen sind als Materialspuren anzusehen, es handelt sich hierbei um eine Substanzübertragung, die kriminalistische Schlüsse zulässt. Die Blutanhaftung kann, was ihre äußere Form betrifft, auch noch als Formspur besonderer Art angesehen werden. Die Form der Blutspur gestattet je nach ihrer Ausgestaltung einen Rückschluss auf die Art und Weise der Spurenentstehung bzw. der Übertragung auf den Spurenträger. Die Blutspur am Messer stellt hinsichtlich ihrer Lage und Ausgestaltung letztendlich wiederum auch eine Situationsspur dar.

---

11 BKA, Anleitung Tatortarbeit – Spuren, Ziff. 1.0.2.2.

1.2.4 Formspuren

„**Formspuren** sind die durch Einwirkung eines Spurenverursachers entstandenen Formveränderungen an einem Objekt. Aus der formmäßigen Beschaffenheit der Spur sind kriminalistische Schlüsse zu ziehen."[12]

Ist die Formspur durch die Übertragung von Substanzen auf eine Oberfläche entstanden, so handelt es sich um eine **Abdruckspur**. Entsteht die Formspur durch einen Eindruck des Gegenstandes in die Oberfläche, so spricht man von einer **Eindruckspur**.

Abb. 6: Papillarlinienbild eines Fingerabdrucks als Formspur

An dem am Tatort zurückgelassenen Messer können Fingerspuren des Tatverdächtigen erwartet werden. Fingerspuren entstehen durch die Übertragung von Hautausscheidungen auf die Oberfläche des Spurenträgers, hier auf die Messeroberfläche. Fingerspuren stellen also hier eine Formspur dar, die als Abdruckspur klassifiziert werden kann. Mögliche Schuhabdruckspuren im Treppenhaus wären gleichfalls als Formspuren und Abdruckspuren einzuordnen.

Sollten vor dem Haus ggf. noch Schuhspuren im weichen Erdboden einer Grünfläche gefunden werden, so sind diese durch die Einprägung der Schuhsohle durch das Gewicht des Spurenverursachers in das weiche Erdreich entstanden. Es handelt sich hierbei dann um Formspuren, die sich als Eindruckspuren darstellen.

---

12 BKA, Anleitung Tatortarbeit – Spuren, Ziff. 1.0.2.1.

1.2.5 Digitale Spuren

„Informations- und Kommunikations- (IUK-) oder **digitale Spuren** sind alle Informationen, die in binärer Form elektronisch gespeichert oder übermittelt werden."[13]

Da es sich bei digitalen Spuren um jegliche Form von binär (d.h. als Abfolge von Einsen und Nullen) gespeicherten Informationen handelt, lassen sie sich nicht in das übliche Raster von Materialspur, Formspur, Gegenstandsspur oder Situationsspur „pressen". Sie müssen als eine (neue) eigene Spurenart gewertet werden.

> *Durch die Beamten des Streifendienstes wird unter der Jugendliege in der Tatörtlichkeit ein Smartphone der Marke HTC gefunden. Offenbar wurde dieses Smartphone vom Täter am Tatort bei der Tatausführung verloren.*
>
> *Durch Auswerten des Gerätes können eine Vielzahl digitaler Spuren, d.h. in binärer Form gespeicherter Informationen, erlangt werden. So kann zunächst einmal die Telefonnummer der eingelegten SIM-Karte festgestellt werden und die IMEI-Nummer des Gerätes.*
>
> *Auf dem Handy bzw. auf den eingelegten Speicherkarten können weiterhin eine Vielzahl unterschiedlicher Daten gespeichert sein. Dies hängt davon ab, in welchem Umfang das Smartphone von seinem Besitzer genutzt wurde. Möglich sind u.a. folgende Informationen:*
>
> - *Aus dem Adressbuch: Name, Anschriften, Telefonnummern, Mailanschriften und ggf. weitere Informationen zur jeweiligen Person.*
> - *Liste der eingehenden und ausgehenden Anrufe mit gewählten Rufnummern und Zeitpunkt der Gespräche.*
> - *Liste der eingehenden und ausgehenden SMS / MMS mit gewählten Rufnummern und Zeitpunkt des Eingangs bzw. der Versendung sowie Inhalt der SMS bzw. MMS*
> - *Gespeicherte Bilder bzw. Videos mit Zeitpunkt der Aufnahme (abhängig von korrekter Datums- und Uhrzeiteinstellung des Handys).*
> - *Über den Browserverlauf lässt sich nachvollziehen, welche Internetseiten (URLs) mit dem Handy geöffnet wurden.*

1.3 Fachdienststellen im Bereich der Kriminaltechnik

Aufgaben im Bereich der Spurensicherung, der Spurenauswertung und der Spurenuntersuchung werden von unterschiedlichen Dienststellen wahrgenommen. Die jeweilige Organisation unterscheidet sich hier von Bundesland zu Bundesland. Exemplarisch wird hier die Organisation bzw. die Arbeitsteilung für Nordrhein-Westfalen vorgestellt.

1.3.1 Funktion und gesetzliche Aufgabenzuweisung des Bundeskriminalamtes im Bereich des Erkennungsdienstes

Das Bundeskriminalamt (BKA) ist Zentralstelle für kriminalpolizeiliche Aufgaben. Diese Funktion nimmt das Bundeskriminalamt auch im Bereich des Erkennungsdienstes wahr. Geregelt sind die Aufgaben und Kompetenzen des BKA im Gesetz über das Bundeskriminalamt und die Zusammenarbeit des Bundes und

---

13 Anleitung Tatortspuren, Ziff. 16.0.0.

der Länder in kriminalpolizeilichen Angelegenheiten, kurz **Bundeskriminalamtsgesetz (BKAG)**.

Im Rahmen seiner Zentralstellenfunktion unterhält das BKA zentrale Sammlungen für den Erkennungsdienst.[14] Derartige Sammlungen sind u.a.:

- Erfassung von Fingerabdrücken in AFIS (Automatisiertes Fingerabdruckidentifizierungssystem),
- Erfassung gesicherter DNA in der DAD (DNA-Analyse-Datei),
- Zentrale Waffensammlung,
- Zentrale Tatortmunitionssammlung.

Weiter hat das BKA die erforderlichen Einrichtungen für alle Bereiche kriminaltechnischer Untersuchungen und für kriminaltechnische Forschung zu unterhalten sowie die Zusammenarbeit auf diesem Gebiet zu koordinieren.[15] Unabhängig von der Leistungsfähigkeit der jeweiligen Landeskriminalämter besteht somit zunächst eine Pflicht für das BKA, das gesamte Spektrum kriminaltechnischer Untersuchungsmöglichkeiten abzudecken.

Das BKA erstellt erkenungsdienstliche und kriminaltechnische Gutachten für Strafverfahren auf Anforderung von Polizeidienststellen, Staatsanwaltschaften und Gerichten.[16]

1.3.2 Funktion und gesetzliche Aufgabenzuweisung des Landeskriminalamtes NRW im Bereich des Erkennungsdienstes

Auch die Bundesländer unterhalten für ihr Gebiet zentrale Dienststellen der Kriminalpolizei (Landeskriminalämter) zur Sicherung der Zusammenarbeit des Bundes und der Länder.[17] Grundsätzlich besteht die Möglichkeit, dass mehrere Bundesländer ein gemeinsames LKA unterhalten können. Von dieser rechtlichen Möglichkeit haben bislang die Bundesländer jedoch keinen Gebrauch gemacht. Jedes Bundesland unterhält ein eigenes Landeskriminalamt. Die Organisation, die personelle Ausstattung, die zugewiesenen Aufgaben und in ihrer Leistungsfähigkeit unterscheiden sich die LKÄ jedoch zum Teil erheblich.

Das Landeskriminalamt NRW (LKA NRW) nimmt als Landesoberbehörde die Zentralstellenaufgabe nach § 1 Abs. 2 BKAG für NRW war. Als solche unterhält das LKA kriminalwissenschaftliche und kriminaltechnische Einrichtungen zur Durchführung von Untersuchungen in Strafsachen für Polizei- und Justizbehörden sowie zur Erstattung von Gutachten.[18]

1.3.3 Erkennungsdienst

Unterhalb der Zentraldienststellen des Bundes (BKA) und der Länder (LKÄ) sind in den Kreispolizeibehörden kriminaltechnische Dienststellen angesiedelt. Unterschieden werden hier die Dienststellen:

- Erkennungsdienst,
- Kriminaltechnische Untersuchungsstelle,
- Nachrichtensammelstelle.

---

14 § 2 Abs. 4 BKAG.
15 § 2 Abs. 6 BKAG.
16 § 2 Abs. 7 BKAG.
17 § 1 Abs. 2 BKAG.
18 § 13 Abs. 2 Nr. 5 POG NRW.

Die Dienststellen unterscheiden sich deutlich in ihren Aufgabenstellungen sowie der technischen und personellen Ausstattung.

Der Erkennungsdienst (ED) ist als Dienststelle in fast jeder Kreispolizeibehörde vorhanden. In der Regel werden durch den ED die üblichen kriminaltechnischen Maßnahmen der Behörde durchgeführt, so u.a.:

– standardmäßige Spurensicherung an Tatorten,
– erkennungsdienstliche Behandlung von Personen,
– Entnahme und Sicherung von Speichelproben zur Aufnahme in die DAD.

Die Sicherung von Vergleichsproben ist in Nordrhein-Westfalen zwar mit Erlass den KTU-Stellen zugeschrieben, häufig wird diese Arbeit jedoch vom örtlichen Erkennungsdienst auf „dem kleinen Dienstweg" mit erledigt.

Weiter obliegt dem örtlichen Erkennungsdienst eine „Filterfunktion". Sämtliche Spuren, die zur Auswertung und Untersuchung versandt werden, laufen über den örtlichen Erkennungsdienst. Dort werden weiterhin alle Untersuchungsanträge vor der Weiterleitung geprüft und erfasst.

Untersuchungsaufträge, die durch den örtlichen Erkennungsdienst nicht selbst durchgeführt werden können, werden den Kriminaltechnischen Untersuchungsstellen zugeleitet.

1.3.4 Kriminaltechnische Untersuchungsstellen

Größe und Aufgabenzuschnitt der Kreispolizeibehörden in Nordrhein-Westfalen unterscheiden sich deutlich. Die Personalstärken schwanken zwischen wenigen Hundert Beamten in einigen Landratsdienststellen und mehreren Tausend Beamten in Großpräsidien. Da von kleineren Behörden nicht das komplette Spektrum der kriminalpolizeilichen Ermittlungen abgedeckt werden kann, sind diese Aufgaben in den Kriminalhauptstellen (KHSt) gebündelt worden. Welche Behörden im Land KHSt sind, regelt § 2 der Kriminalhauptstellenverordnung (KHSt-VO). Hier ist auch geregelt, welche Polizeibehörden zum Hauptstellenbereich gehören und welche Delikte grundsätzlich durch die Hauptstelle zu bearbeiten sind.

> *So ist z.B. das Polizeipräsidium Münster Kriminalhauptstelle für seinen Polizeibezirk und die Polizeibezirke der Kreise Borken, Coesfeld, Steinfurt und Warendorf. Zuständig sind die KHSt u.a. für die Verfolgung von Tötungsdelikten, Bildung krimineller Vereinigungen (§ 129 StGB) und Delikte, die im Rahmen organisierter Kriminalität begangen werden.*

Bei den KHSt sind folgerichtig daher auch entsprechend leistungsfähige ED-Dienststellen angesiedelt, die Kriminaltechnischen Untersuchungsstellen.

Die bei den zu Kriminalhauptstellen bestimmten Kreispolizeibehörden eingerichteten Kriminaltechnischen Untersuchungsstellen nehmen in den Kreispolizeibehörden ihres Bereichs folgende Aufgaben wahr:

– Sichern von Spuren, soweit dafür eine besondere Sachkunde erforderlich ist,
– Prüfen und Bewerten der gesicherten Spuren,
– Begutachten von menschlichen Hautleistenein- und -abdrücken (Papillarlinienbilder),
– Begutachten der Ein- und Abdruckspuren von Schuhen und Reifen,

– Sichtbarmachen und Begutachten entfernter Prägezeichen,
– Durchführen von Vergleichsbeschüssen, soweit eine Waffe erkennbar nicht mit einer Straftat in Verbindung steht und keine besonderen waffentechnischen Kenntnisse erforderlich sind. [19]

Im vorliegenden Fall sind sicherlich keinerlei besondere Anforderungen an die Sachkunde zur Sicherung der zu erwartenden Spuren zu erkennen. Die Fingerspuren können grundsätzlich mittels Adhäsionsverfahren gesichert werden. Auch die Sicherung möglicher Schuhabdruckspuren, von DNA-Spuren sowie weiterer Spurenträger erfordert keine besonderen Verfahren.

Die gesicherten Spuren werden vom Erkennungsdienst zunächst einmal auf ihre Brauchbarkeit und Auswertefähigkeit hin untersucht. Dann werden durch die KTU-Stelle zu den gesicherten Spuren erforderlichenfalls Vergleichsproben berechtigter Personen beschafft, im vorliegenden Fall sicherlich von der Geschädigten. Nach der Beschaffung von Vergleichsproben werden die am Tatort gesicherten Fingerspuren sowie die Vergleichsproben der zuständigen Nachrichtensammelstelle übersandt.

1.3.5 Nachrichtensammelstellen

Bestimmte KTU-Stellen sind zugleich zu Nachrichtensammelstellen (NSST) benannt worden. Die NSST unterhalten u.a. folgende Karteien/Sammlungen:

– Tatortfingerspurensammlung,
– Tatorthandflächenspurensammlung.

Für den Bereich der Kreispolizeibehörden Münster, Borken, Coesfeld, Gelsenkirchen, Recklinghausen, Steinfurt und Warendorf ist das Polizeipräsidium Recklinghausen zuständige NSST.

Die übersandten Tatortfinderspuren werden zunächst mit dem Vergleichsmaterial der berechtigten Personen abgeglichen. Berechtigte Spuren werden jetzt aussortiert, der Sachbearbeiter der Fachdienststelle erhält darüber eine entsprechende Mitteilung.

Sollten sich im Laufe der weiteren Ermittlungen Hinweise auf eine tatverdächtige Person ergeben, so werden die Tatortfingerspuren mit den Fingerspuren des / der Tatverdächtigen durch die NSST-Stelle abgeglichen. Im Trefferfall würde durch den daktyloskopischen Sachverständigen der NSST-Stelle ein entsprechendes Gutachten erstellt.

---

[19] „Kriminaltechnische Untersuchungsstellen und Nachrichtensammelstellen", RdErl. des IM NRW –IV D1-6403 vom 06.07.1993 (MBl. NRW. S. 1282; Ber. S. 1679), geändert durch RdErl. vom 03.01.2008 (MBl. NRW. S. 12), Ziffer 1.

1.3.6 Kriminaltechnische Untersuchungen im Land NRW

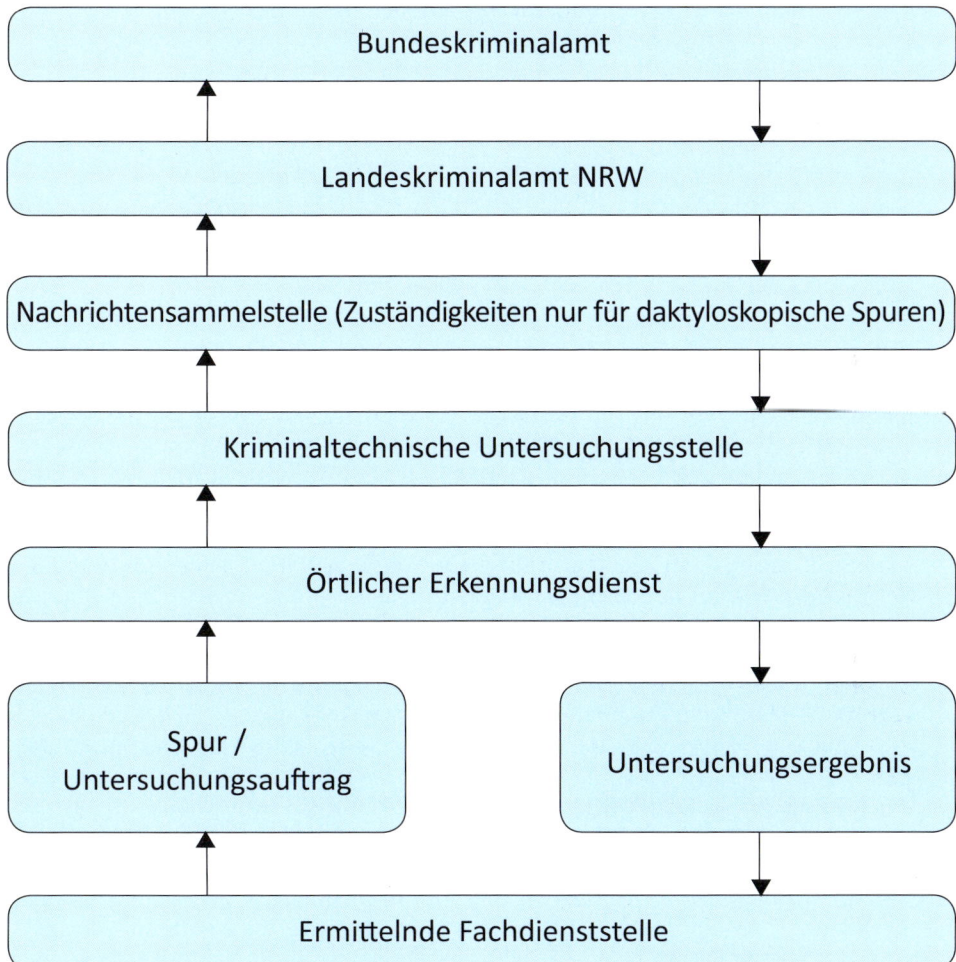

Abb. 7: Ablaufschema kriminaltechnischer Untersuchungen in NRW

1.3.7 Sachverständiger

Schon mehrfach tauchte der Begriff der Gutachtenerstellung auf. Letztendlich muss ein kriminaltechnischer Untersuchungsbefund beweisverwertbar in ein Ermittlungsverfahren eingeführt werden. Dies geschieht durch Erstattung eines Sachverständigen-Gutachtens nach den Regeln der Strafprozessordnung (StPO).

„**Sachverständiger** ist, wer durch seine Sachkunde die richtige Auswertung der festgestellten Tatsachen ermöglicht. Der Sachverständige zieht aus den gegebenen Tatsachen kraft seiner besonderen Sachkunde allgemein gültige Schlüsse und gibt Urteile ab."[20]

„Der Sachverständige ist wie der Zeuge persönliches Beweismittel. Er ist Gehilfe des Richters, soweit diesem die Sachkunde auf einem Wissensgebiet fehlt, die er für die von ihm zu treffende Entscheidung benötigt. Der Sachverständige nimmt dem Richter aber nicht die Verantwortung für die Tatsachenfeststellung ab. Sachverständiger kann jeder sein, der auf einem bestimmten Wissensgebiet eine dem Richter in der Regel fehlende Sachkunde hat. Der Sachverstand braucht nicht wissenschaftlich unterlegt zu sein; je nach Beweisfrage können Sachverständige auch Handwerker und Kaufleute sein."[21]

Grundsätzlich obliegt im Gerichtsverfahren die Auswahl des Sachverständigen dem Richter. Die Masse der kriminaltechnischen Gutachten wird jedoch nicht durch den Richter erst im Rahmen des Gerichtsverfahrens in Auftrag gegeben. Gemäß dem eigenständigen Ermittlungsauftrag nach § 163 StPO werden die gesicherten Tatortspuren durch die Polizei direkt ausgewertet und mit Vergleichsmaterial abgeglichen.

Kriminaltechnische Untersuchungen werden bei den KTU-Stellen, den LKÄ oder dem BKA grundsätzlich durch Personen durchgeführt, die ihre Ergebnisse später auch als Sachverständiger vor Gericht vertreten können. Als akzeptiert gilt die Rechtsauffassung, dass im Rahmen ihrer Sachleitungskompetenz die Staatsanwaltschaft das Recht hat, im Ermittlungsverfahren Sachverständige zu beauftragen und zu bestellen. Sachverständige kriminaltechnischer Dienststellen werden durch die Staatsanwaltschaften grundsätzlich akzeptiert.

An der aufgefundenen Tatwaffe werden durch die Beamten des Erkennungsdienstes Fingerspuren gesichert. Diese werden über die NSST-Stelle dem LKA NRW zugeleitet und dort mit dem Fingerabdruckbestand in AFIS abgeglichen. Wird hierbei in AFIS ein „Treffer" erzielt, erfolgt nun die Erstellung eines daktyloskopischen Gutachtens durch den Sachverständigen für das Ermittlungsverfahren. Das Gutachten wird schriftlich erstattet und mit entsprechendem Bildmaterial der sachbearbeitenden Polizeibehörde zugeleitet. Diese leitet das Gutachten später mit der Ermittlungsakte der Staatsanwaltschaft zu. Bei der Anklageerhebung wird der Staatsanwalt den behördlichen Gutachter bzw. das Gutachten als Beweismittel in der Anklageschrift mit aufführen.

„Der Sachverständigenbeweis wird geführt – wie der Zeugenbeweis – durch Aussage in der Hauptverhandlung. Das übliche schriftliche Gutachten hat nur vorbereitenden Charakter und gehört zu den im Vorverfahren üblichen Formen des Freibeweises."[22] In einfacheren Fällen kommt auch eine Verlesung des Gutachtens als Behördengutachten in Betracht (§ 256 StPO). Im Rahmen des Strengbeweises ist das Gutachten dann als Urkunde zu bewerten.

Grundsätzlich finden die Vorschriften über Zeugen aus der StPO auch für Sachverständige Anwendung. Dieselben Gründe, die einen Zeugen berechtigen, das Zeugnis zu verweigern, berechtigen einen Sachverständigen zur Verweigerung des Gutachtens.[23]

---

20 Ackermann/Clages/Roll, S. 52, Rz. 17.
21 Krekeler/Löffelmann/Sommer, S. 263, Rz. 1.
22 Kramer, S. 147, Rz. 146a.
23 § 76 Abs. 1 StPO.

Sachverständige können aus den gleichen Gründen wie ein Richter vor Gericht abgelehnt werden. Dieses Recht steht der Staatsanwaltschaft, dem Angeklagten und dem Privatkläger zu.

Zur Vorbereitung des Gutachtens kann der Sachverständige Einsicht in die Ermittlungsakte bekommen oder sich durch die Vernehmung von Zeugen und Beschuldigten weitere Aufklärung verschaffen. [24] „Es besteht kein Grund, warum eine Befragung von Personen durch Sachverständige nicht als Vernehmung bezeichnet werden könnte, da er seine Tätigkeit von einem Strafverfolgungsorgan ableitet. Die Anwendbarkeit des § 136a StPO auf ihn ist unbestritten. Auch die jeweiligen Belehrungsvorschriften [...] sind bei Befragungen durch den Sachverständigen zu beachten." [25] Bei Sachverständigen, die nicht zugleich Polizeivollzugsbeamte sind, ist die entsprechende Belehrung dann durch die Ermittlungsbeamten der zuständigen Polizeibehörde oder den zuständigen Staatsanwalt durchzuführen.

Abzugrenzen vom Sachverständigen ist der in § 85 StPO genannte Sachverständige Zeuge. § 85 verweist hierfür eindeutig auf die Vorschriften über den Zeugenbeweis. Dadurch wir klargestellt, dass der sachverständige Zeuge eben nicht Sachverständiger ist, sondern nur Zeuge mit einer besonderen Sachkunde. Demnach wird der Sachverständige Zeuge auch nicht bestellt, und er kann auch im Verfahren nicht abgelehnt werden.

Deutliches Abgrenzungsmerkmal ist, dass der Sachverständige erst nach der Tat bestellt wird und dann seine Feststellung im Rahmen seines Untersuchungsauftrags trifft, der Sachverständige Zeuge jedoch seine Feststellungen zufällig im Rahmen der Tat getroffen hat und diese zufälligen Feststellungen in sein Fachgebiet fallen.

Am Hals der Geschädigten wird im Kehlkopfbereich eine deutliche, ca. 10 x 15 cm große, ovale, ausgeprägte Hautrötung mit Unterblutungen festgestellt. Die Geschädigte wird zur Begutachtung dieser Verletzung einem Rechtsmediziner vorgestellt. Dieser soll Auskunft darüber geben, ob es sich um eine würgetypische Verletzung handelt. Die Beauftragung des Rechtsmediziners erfolgt erst nach der Tat, vom Tatgeschehen selber hat der Rechtsmediziner nichts beobachtet. Seine Erkenntnisse über den behaupteten Tatablauf müsste er der Ermittlungsakte entnehmen, bzw. von der Geschädigten erfragen. Der Rechtsmediziner wäre hier als Sachverständiger in dem Verfahren tätig.

Anders läge der Fall, wenn der Zeuge Egon Müller als Arzt in der Rechtsmedizin Münster beschäftigt wäre. Die Geschädigte hat sich nach der Tat in die Wohnung von Herrn Müller geflüchtet. Herr Müller hat rein zufällig auch die Verletzungen der Geschädigten gesehen und von ihr den Sachverhalt geschildert bekommen. In diesem Fall wäre Herr Müller als Sachverständiger Zeuge anzusehen.

1.4 Beweiswert und Beweiskraft

1.4.1 Grundsätze der Beweiserhebung und Beweisführung

„Das gesamte Ermittlungsverfahren, das tatrichterliche Verfahren und zum Teil auch das Revisionsverfahren bestehen aus dem Suchen nach Beweisen, der Erhe-

---
[24] § 80 StPO.
[25] Kramer, S. 147, Rz. 146a.

bung der Beweise, ihrer Würdigung und aus dem Ziehen von Konsequenzen aus den Beweisergebnissen in der Form von Entscheidungen."[26]

„**Beweisen** heißt, dem beurteilenden Gericht einen Sachverhalt durch jedermann überzeugende und beliebig oft reproduzierbare Fakten so darzustellen, dass ein vernünftiger Zweifel an dem von den Strafverfolgungsorganen (Staatsanwaltschaft und Polizei) bei vorläufiger Tatbewertung angenommenen Tatgeschehen nicht möglich ist."[27]

„Das Gericht hat zur Erforschung der Wahrheit die Beweisaufnahme von Amts wegen auf alle Tatsachen und Beweismittel zu erstrecken, die für die Entscheidung von Bedeutung sind."[28]

„Kernstück der Hauptverhandlung ist also die Beweisaufnahme, die in ihrem Ablauf keinesfalls frei gestaltet werden kann, sondern strengen Regeln über die Art der Beweismittel und deren Einführung in die Verhandlung unterliegt. Dieser sog. **Strengbeweis** bezieht sich auf alle Fragen, welche die Schuld und die Strafe des Angeklagten betreffen. Das Gericht ist an die erschöpfende Aufzählung von vier Beweismittelarten der StPO gebunden:

– Zeugenbeweis (§§ 48 – 71),

– Sachverständigenbeweis (§§ 72 – 85),

– Augenscheinbeweis (§§ 86 – 93),

– Urkundenbeweis (§§ 249 – 256)."[29]

Darüber hinaus wird man in diesem Zusammenhang noch die Aussagen des Beschuldigten zum Strengbeweis hinzuzählen können.

„Das Beweisergebnis als Resultat dieses Sammelns ist erst nach Beendigung der Beweisaufnahme durch das Gericht zu bewerten. Die freie richterliche Beweiswürdigung (§ 261 StPO) greift erst in dieser späteren Bewertungsphase ein, kann daher als Maßstab keine Entscheidungen zu Art und Umfang der Beweisaufnahme selbst beeinflussen."[30]

„Hiervon ist das sog. **Freibeweisverfahren** zu unterscheiden, bei dem die Strafverfolgungsorgane nicht an die gesetzlichen Beweismittel und die in den §§ 244 ff. vorgeschriebenen Formen der Beweiserlangung gebunden sind."[31] Das Ermittlungsverfahren wird im Rahmen des Freibeweises durchgeführt.

„Da es jedoch Aufgabe des Ermittlungsverfahrens ist, die Hauptverhandlung vorzubereiten und eine Prognose über den möglichen Ausgang des Hauptverfahrens zu ermöglichen, sind die Ermittlungsbehörden bemüht, möglichst schon im Vorverfahren die förmlichen Beweismittel zusammenzutragen, die später im Strengbeweisverfahren eine Urteilsfindung erlauben. Die Unterscheidung von ‚Sachbeweis' und ‚Personalbeweis' stammt aus der Kriminalistik und findet sich in der StPO nicht wieder."[32]

„Die sog. Persönlichen Beweismittel treten durch ihre Aussage in Funktion; die sog. Sachlichen Beweismittel, d.h. die Gegenstände, die als Beweismittel für

---

26 Meyer-Goßner/Schmitt, Einleitung, Rz. 47.
27 Ackermann/Clages/Roll, S. 48, Rz. 2.
28 § 244 Abs. 2 StPO.
29 Kramer, S. 116, Rz. 120.
30 Krekeler/Löffelmann/Sommer, S. 939, Rz. 3.
31 Kindhäuser, S. 235, Rz. 4.
32 Kramer, S. 116, Rz. 120.

die Untersuchung von Bedeutung sind, also die Beweisgegenstände und die beweiserheblichen wahrnehmbaren Sachgegebenheiten und Vorgänge, werden durch Einnahme des Augenscheins zur Kenntnis genommen, soweit es sich nicht um Urkundenbeweis handelt."[33]

1.4.2 Personal- und Sachbeweis

„Beweismittel des **Personalbeweises** ist der Mensch. Damit ist der Personalbeweis auch gleichzeitig subjektiver Beweis, denn er ist abhängig von der individuellen Wahrnehmungsfähigkeit und der Reproduzierbarkeit beweiserheblicher Wahrnehmungsinhalte sowie der Wahrhaftigkeit der Aussage, soweit Zeugen und/oder Beschuldigtenaussagen Gegenstand des Beweises sind."[34]

Als Personalbeweis bezeichnet man in der Kriminalistik:

– Beschuldigte,
– Zeugen,
– Sachverständige.

Diese Aufstellung ist deckungsgleich mit den Beweismitteln des Strengbeweises, sie werden in der Kriminalistik nur unter einem anderen „Oberbegriff" (→ Personalbeweis) subsumiert. Damit diese Beweismittel im Strengbeweisverfahren der Hauptverhandlung später auch Bestand haben, ist gerade beim Personalbeweis eine genaue Beachtung der verfahrensrechtlichen Vorschriften (so z.B. Belehrungsvorschriften für Zeugen und Beschuldigte) erforderlich.

„Unter **Sachbeweis** wird die auf materielle Spuren bzw. auf Gegenstände gestützte Beweisführung verstanden. Der Sachbeweis wird dadurch gekennzeichnet, dass eine Sache oder Sachgegebenheit losgelöst von dem Tathergang aus sich selbst spricht und für einen an der Tat unbeteiligten Dritten Schlüsse auf den Tathergang zulässt."[35]

Als Sachbeweis bezeichnet man in der Kriminalistik u.a.:

– Aufgefundene Gegenstände,
– Gesicherte Spuren,
– Urkunden.

Beim Vergleich mit den Beweismitteln des Strengbeweises handelt es sich hier um die Beweismittel, die mit den Begriffen

– Urkunde,
– Augenschein.

belegt sind.

Die Möglichkeiten der Kriminaltechnik wurden gerade in den letzten Jahrzehnten zunehmend verbessert, so z.B. durch die Einführung der DNA-Analyse. Dadurch angefacht wird stets die Diskussion um die Wertigkeit von Personal- und Sachbeweis. Angeführt wird oft, dass der Personalbeweis in seiner Bedeutung stark gesunken und der Sachbeweis inzwischen als wichtiger anzusehen sei. Dies wird damit begründet, dass es sich beim Sachbeweis um „objektive Feststellungen" handelt und dabei Lüge und menschliche Irrtümer ausgeschlossen seien.

---

33 Meyer-Goßner/Schmitt, Einleitung, Rz. 49.
34 Ackermann/Clages/Roll, S. 60, Rz. 43.
35 Ackermann/Clages/Roll, a.a.O.

Es handelt sich beim Sachbeweis u.a. um beschlagnahmte Gegenstände (z.B. Tatmittel) und am Tatort gesicherte Spuren (z.B. Fingerspuren). Verkannt werden darf hierbei nicht, dass eine am Tatort gesicherte Fingerspur erst dann zu einem schlüssigen Beweismittel wird, wenn die Identität des Spurenlegers durch einen daktyloskopischen Sachverständigen festgestellt wurde. Die Einführung in das Verfahren mit den Mitteln des Strengbeweises erfolgt hier als Augenscheinbeweis und über den Sachverständigen bzw. dessen Urkunde als Gutachten. In diesem Punkt ist eine „Unfehlbarkeit" des Sachbeweises nicht gegeben, da menschliche Fehlerquellen hier nicht auszuschließen sind.

Vielfach lassen sich am Tatort gefundene Spuren jedoch auch ohne ergänzende Zeugenaussagen (→ Personalbeweis) gar nicht sachgerecht interpretieren. Die Fingerspur am Tatort mag zwar zweifelsfrei einer Person durch ein Sachverständigengutachten zuzuordnen sein, jedoch sagt die Auffindung der Fingerspur und die Zuordnung zu einer Person noch nichts darüber aus, unter welchen näheren Umständen die Spur an den Tatort gelangte. Handelt es sich hierbei ggf. um die Spur einer Person, die sich legal am Tatort aufhalten durfte ohne jede Tatrelevanz oder um eine Täterspur?

Besonders schwierig bis unmöglich dürfte sich die Prüfung der „subjektiven Tatbestandsmerkmale" einer Straftat mit den Mitteln des Sachbeweises alleine gestalten.

Festzuhalten ist, dass selbst bei einer weiteren Optimierung der kriminaltechnischen Möglichkeiten der Personalbeweis weiter seinen Stellenwert in der Beweisführung behalten wird. Die Durchführung eines Ermittlungsverfahrens, ohne Möglichkeit der Aussage durch den Beschuldigten, ist mit unserer Rechtsordnung nicht vereinbar, er hat ein gesetzlich verankertes Anhörungsrecht. Gleichfalls scheint die Durchführung eines Verfahrens ohne Zeugenaussagen kaum möglich, da nur durch diese Aussagen eine Interpretation der am Tatort gesicherten Spurenlage möglich ist. Jedoch ist heute auch Standard, dass grundsätzlich versucht wird, Zeugenaussagen und Aussagen des Beschuldigten mit der Tatspurenlage abzugleichen, um ihre Glaubwürdigkeit zu prüfen.

Am Tatort wird ein Messer aufgefunden, nach kriminalistischer Erfahrung dürfte es sich um die Tatwaffe handeln. Das Messer ist als Gegenstandsspur anzusehen. An dem Messer dürften sich ferner Fingerspuren der Personen befinden, die das Messer angefasst haben. Fingerspuren sind als Formspuren anzusehen. An dem Messergriff befindet sich weiterhin eine rötliche Anhaftung, offenbar Blut. Dies ist als Materialspur anzusehen. Die Kombination dieses Spurenbildes und die Auffindungssituation auf dem Boden des Kinderzimmers (→ Situationsspur) deuten darauf hin, dass es sich hierbei um die Tatwaffe handeln könnte.

Nach Sicherung und Zuordnung der Fingerspuren kann festgestellt werden, wer das Messer angefasst hat. Sowohl das Messer als auch gesicherte Fingerabdrücke werden in der Kriminalistik als sog. „Sachbeweise" bezeichnet. Bei Vorlage entsprechender Vergleichsabdrücke können Fingerabdrücke über ein entsprechendes Daktyloskopisches Gutachten zweifelsfrei dem Spurenleger zugeordnet werden.

In das spätere Gerichtsverfahren wird das Messer im Rahmen des Strengbeweises als „Augenschein" eingeführt, das Sachverständigengutachten über das Beweismittel „Sachverständiger", bzw. bei Verlesung des Gutachtens über das Beweismittel „Urkunde".

Dies sagt jedoch noch nichts darüber aus, unter welchen Umständen die Fingerabdrücke der identifizierten Person auf das Messer gelangten und ob es sich hierbei wirklich um die Tatwaffe handelt oder das Messer eventuell aus dem Haushalt der Familie Peksoy stammt.

Zum Beleg, dass es sich bei dem aufgefundenen Messer um die Tatwaffe handelt und das Messer vom Täter am Tatort zurückgelassen wurde, bedarf es der Zeugenaussage der Geschädigten. Diese Aussage wird in der Kriminalistik als Personalbeweis angesehen. Im Rahmen der Hauptverhandlung wird die Geschädigte zu ihren Kenntnissen vor Gericht aussagen müssen, im Rahmen des Strengbeweises ist sie gleichfalls als „Zeugin" ins Verfahren einzubringen.

Sind die Fingerabdrücke auf der Tatwaffe einem Beschuldigten zuzuordnen, so ist u.a. zu klären, ob dieser legal Zutritt zur Wohnung haben konnte oder nicht. Hierzu ist der Beschuldigte vor Abschluss des Ermittlungsverfahrens gleichfalls zu hören.

1.4.3 Individual- und Gruppenbeweis

Die Beweismittel des Sachbeweises werden hinsichtlich ihrer Beweiskraft differenziert in
– Individualbeweis,
– Gruppenbeweis,
– Ausschluss.

Die Begrifflichkeiten Individual- und Gruppenbeweis sind in der aktuellen Arbeitsanleitung Tatortspuren (ATOS) nicht definiert. Vorgänger von ATOS war der Leitfaden 385 (LF 385), Anleitung „Tatortarbeit Spuren", der durch das Bundeskriminalamt herausgegeben wurde.

Hier finden sich folgende Definitionen:

„**Gruppenidentifizierung** ist die

– Zuordnung einer
  • Formspur zu einer bestimmten Gruppe von Spurenverursachern, z.B. die Spur eines 10 mm breiten Werkzeugs.
  • Materialspur zu einer bestimmten Art von Substanzen, z.B. Blut, Heroin, Lack eines bestimmten Fabrikates.
– Feststellung
  • Der fabrikatorischen Herkunft.
  • Des Verwendungszweckes/der Wirkungsweise.
  • Von Gegenständen oder Substanzen, z.B. Waffe oder Fahrzeuglack eines bestimmten Herstellers." [36]

„**Individualidentifizierung** ist der Nachweis, dass

– ein bestimmtes Subjekt oder Objekt eine bestimmte Spur verursacht hat, z.B. ‚das Tatgeschoss ist aus dem Lauf der Pistole Mauser Nr. 3456 verfeuert worden' oder ‚die daktyloskopische Spur stammt vom rechten Finger des X',
– ein sichergestelltes Objekt Teil eines bestimmten Gegenstandes ist, z.B. Passstück." [37]

---

[36] Leitfaden 385, S. 11, Ziff. 1.0.3.3.
[37] Leitfaden 385, S. 11, Ziff. 1.0.3.4.

Abb. 8: Beispiel für Passstück: Abgedrehter Schließzylinder

Die Formulierung **Gruppenbeweis** für Gegenstände oder Spuren, die eine Gruppenidentifizierung ermöglichen, und **Individualbeweis** für Gegenstände oder Spuren, die individuell einem spurenverursachenden Subjekt oder Objekt zugeordnet werden können, hat sich im kriminalistischen Sprachgebrauch eingebürgert. Diese „Eingruppierung" bezeichnet zunächst lediglich die theoretische Möglichkeit, ob eine Spur individuell einem spurenverursachenden Subjekt oder Objekt oder lediglich einer spurenverursachenden Gruppe von Subjekten oder Objekten zuzuordnen ist. Unerheblich ist für diese Unterteilung zunächst, ob später wirklich einmal ein spurenverursachendes Subjekt oder Objekt ermittelt bzw. festgestellt wird. Für eine erste kriminalistische Beurteilung der Tatortspurenlage ist diese grobe Einordnung ausreichend, da sie die unterschiedliche Beweiskraft der verschiedenen Spuren zunächst prägnant darstellt.

Bei dem am Tatort aufgefunden Messer könnte es sich um die Tatwaffe handeln. An dem Messer dürften sich Fingerspuren der Personen befinden, die das Messer angefasst haben – so mit hoher Wahrscheinlichkeit auch Fingerspuren des Täters. Fingerspuren sind als Formspuren anzusehen. Sie gestatten die Individualidentifizierung des Spurenverursachers, da Fingerabdrücke absolut einmalig sind.

„Es gibt keine absolute Übereinstimmung der Papillarlinienverläufe von zwei Menschen oder bei einzelnen Fingern einer Person. Zum Zweiten liegt es an ihrer natürlichen Unveränderlichkeit. Die Papillarleisten werden im 4. Embryonalmonat ausgebildet und bleiben so über den Tod hinaus bestehen. Bei oberflächlichen

Verletzungen wachsen sie in gleicher Konfiguration wieder nach. Tiefere Verletzungen führen zu einer bleibenden Narbenbildung."[38] (→ Individualbeweis)

Keinesfalls ausreichend ist die grobe Einteilung in Individualidentifizierung und Gruppenidentifizierung für die Erstellung des Sachverständigengutachtens zur Beweisführung vor Gericht. Hier ist auch nicht die Einteilung nach einer theoretischen Eignung der Spur vorzunehmen, sondern ein konkreter Nachweis zu führen, wieso die Spur (z.B. Fingerspur) nur von einem Spurenverursacher (z.B. Beschuldigten) stammen kann.

1.4.4 Ausschluss

„Es liegen keine Zweifel vor, dass die Merkmale der Untersuchungsobjekte nicht übereinstimmen. Der Ausschluss eines bestimmten Gegenstandes erfolgt anhand nicht übereinstimmender Kriterien gruppenspezifischer und/oder individualisierenden Charakters."[39]

1.4.5 Sammlungsvergleich

Für die individuelle Zuordnung einer Spur zu einem Spur verursachenden Subjekt oder Objekt bedarf es zunächst einmal der Ermittlung des Subjekts bzw. Objekts. Bei den meisten Tatorten wird weder der Täter vor Ort angetroffen noch das Tatwerkzeug aufgefunden. Vergleichsmaterial zum Abgleich mit den Tatortspuren steht so zunächst einmal nicht zur Verfügung.

Im Rahmen seiner Zentralstellenfunktion unterhält das BKA zentrale Sammlungen für den Erkennungsdienst.[40] So werden durch das BKA u.a. eine zentrale Fingerabdrucksammlung (AFIS), die DNA-Analyse-Datei (DAD) sowie die zentrale Waffensammlung und die Tatortmunitionssammlung geführt. Beim Landeskriminalamt NRW wird eine Werkzeugspurensammlung geführt, in der bestimmte Werkzeugspuren (u.a. greifende Werkzeuge) aus bislang ungeklärten Straftaten gesammelt werden. Weitere Sammlungen werden in NRW bei den KTU-Stellen geführt (so z.B. bei verschiedenen Stellen Schuhspurensammlungen).

In diese Sammlungen werden einerseits Spuren bislang ungeklärter Straftaten und ggf. Vergleichsmaterial bereits ermittelter Beschuldigter eingestellt. Grundsätzlich werden Sammlungen nur geführt, wenn durch einen Abgleich eine Individualidentifizierung möglich ist.

Somit ergibt sich die Möglichkeit, mittels gesicherter Tatortspuren und Sammlungsabgleich einen bislang unbekannten Täter zu ermitteln bzw. eine Spur individuell dem Spur verursachenden Werkzeug zuzuordnen. Weiter besteht die Möglichkeit durch Sammlungsabgleiche Tatzusammenhänge herzustellen.

> *Zunächst wurde im vorliegenden Leitsachverhalt kein Tatverdächtiger ermittelt. Sollte auch im Zuge der weiteren Ermittlungen kein Tatverdächtiger zu ermitteln sein, könnten die am Tatort gesicherten Fingerspuren (so z.B. an dem Messer) nach entsprechender Klassifizierung dem Landeskriminalamt NRW übersandt werden. Dort werden sie als Tatortspur mit dem AFIS-Datenbestand des BKA abgeglichen. Sollte der bislang unbekannte Täter bereits erkennungsdienstlich behandelt worden sein, so würde er durch den Sammlungsabgleich als Spurenleger identifiziert werden.*

---

38 Amerkamp, S. 9.
39 Katterwe/Brandes/Eisgruber/Grimmer/Küppers/Marquardt/Pohl, S. 748.
40 § 2 Abs. 4 BKAG.

1.4.6 Altersbestimmung von Spuren

Ermittlungstechnisch interessant ist in einigen Fällen die Altersbestimmung von Spuren. Bei Urkunden ist dies grundsätzlich möglich. Bei den wesentlichen kriminalistischen Untersuchungsverfahren, wie z.B. Fingerspuren und DNA-Spuren, ist dies grundsätzlich nicht möglich.

1.4.7 Indiz

„**Indizien** sind sogenannte Beweisanzeichen."[41] „Das Indiz kann durch persönliche oder sächliche Beweismittel festgestellt werden. Es darf nur verwendet werden, wenn es in ordnungsgemäßer Weise in die Hauptverhandlung eingeführt worden ist."[42]

Der Personalbeweis stellt einen direkten Beweis dar, denn er ergibt sich direkt aus der Aussage des Zeugen oder des Beschuldigten. Anders sieht es hier beim Sachbeweis aus, hier muss erst auf eine entscheidungserhebliche Tatsache geschlossen werden. Der Sachbeweis wird daher auch als indirekter Beweis angesehen.

„**Indizien** sind somit Merkmale, die mehr oder weniger deutlich auf den Täter, die Tat, auf einzelne Tathandlungen, das Tatmotiv, Absichten, Tatwirkungen oder andere beweiserhebliche Sachverhalte hinweisen."[43]

Der Indizienbeweis ist dann überzeugungskräftig, wenn andere Schlüsse aus den Indizientatsachen ernstlich nicht in Betracht kommen. Vom Indizienbeweis muss also eine Überzeugungskraft ausgehen, die Schlüsse auf die Tatbestandsmäßigkeit zulässt. Somit ist der Indizienbeweis der Anknüpfungspunkt für weitere Denkprozesse, die das Gericht zu einer bestimmten Überzeugung führen.[44]

> *Sollten an dem aufgefundenen Tatmesser auswertbare Fingerspuren sowie auswertefähiges DNA-Material gesichert werden, so könnte dies mit dem AFIS-Datenbestand und der DAD abgeglichen werden. Führt dies zur Ermittlung der Spur verursachenden Person, so stellt dies eine Individualidentifizierung dar. Jedoch wurde bislang nur der Spurenleger zweifelsfrei identifiziert, dies entfaltet nur eine indirekte Beweiswirkung vor Gericht. Die Beweislage muss jetzt ausgebaut werden. So ist u.a. zu klären, aus wessen Besitz die Tatwaffe stammt und ob der Beschuldigte z.B. legalen Umgang in der Wohnung der Geschädigten hatte.*

---

41 Ackermann/Clages/Roll, S. 58, Rz. 38.
42 Meyer-Goßner/Schmitt, § 261, Rz. 25.
43 Ackermann/Clages/Roll, a.a.O.
44 Weihmann, in: Berthel e.a., Lehr- und Studienbriefe Kriminalistik/Kriminologie Bd. 1, S. 76.

2 Spurensuche
2.1 Tatort

Bei vielen Delikten sind ausschlaggebende Spuren insbesondere am Tatort zu finden, so u.a. bei Tötungs-, Brand-, Sexual-, Raub- und Einbruchsdelikten. Vielfach verkannt wird, dass auch bei der Aufnahme von Verkehrsunfällen polizeiliche Tatortarbeit geleistet wird. Der Tatortarbeit kommt daher gerade bei diesen polizeilichen Aufgabenfeldern besondere Bedeutung zu. Unterschieden werden kann zwischen dem strafrechtlichen (juristischen) und dem kriminalistischen Tatortbegriff.

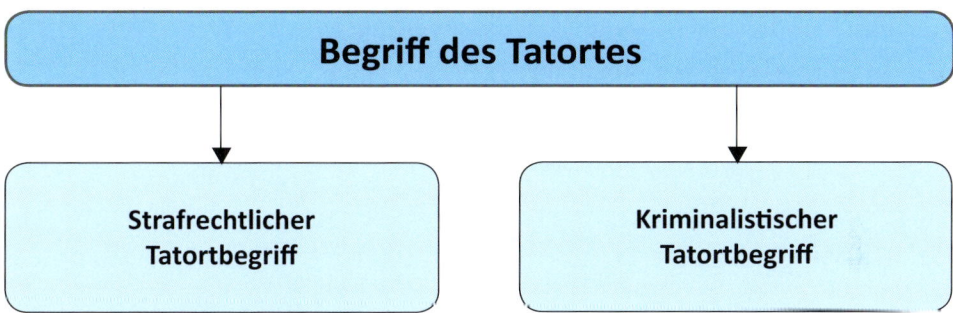

Abb. 9: *Unterscheidung des Tatortbegriffs*

2.1.1 Strafrechtlicher Tatort

„Eine **Tat** ist an jedem **Ort** begangen, an dem der Täter gehandelt hat oder im Falle des Unterlassens hätte handeln müssen oder an dem der zum Tatbestand gehörende Erfolg eingetreten ist oder nach der Vorstellung des Täters eintreten sollte."[45]

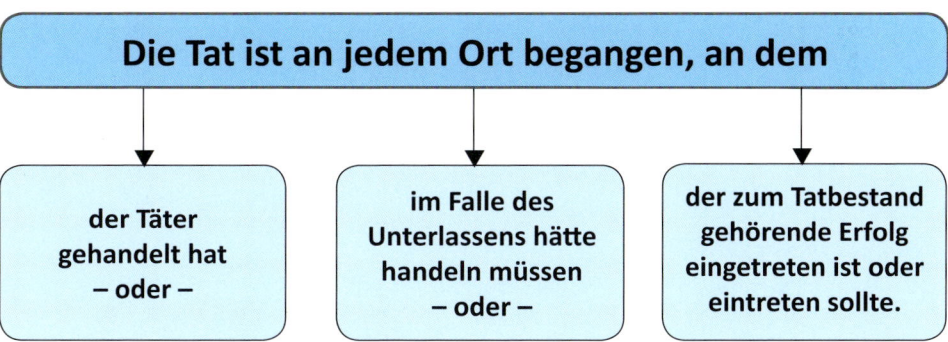

Abb. 10: *Tatort im strafrechtlichen Sinn*

„Die StPO legt in den §§ 7 ff. die örtlichen Zuständigkeiten bei der Behandlung von Strafsachen fest, die aufgrund der Verweisungsnorm des § 143 GVG entsprechend für die Staatsanwaltschaft (StA) gelten. Als rechtlich gleichberechtigte Gerichtsstände führt die Strafprozessordnung den des Tatortes (§ 7 StPO i.V.m. § 9 StGB), den des Wohnsitzes bzw. Aufenthaltsortes des Angeschuldigten (§ 8 StPO) und des Ergreifungsortes (§ 9 Abs. 1 StPO) auf, wobei unter mehreren zuständigen Gerichten demjenigen der Vorzug gebührt, das die Untersuchung zuerst eröffnet

---
[45] § 9 Abs. 1 StGB.

hat (§ 12 StPO). Darunter ist die Eröffnung des Hauptverfahrens zu verstehen, die weitgehend davon abhängt, welche StA Anklage erhoben hat."[46] „Die Ermittlungen führt grundsätzlich die StA, in deren Bezirk die Tat begangen wurde."[47]

Die Lage des strafrechtlichen Tatortes hat ausschlaggebende Bedeutung für die Zuständigkeit von Staatsanwaltschaft und Gericht. Für die Spurensuche in der polizeilichen Praxis ist diese Formulierung jedoch zu eng gefasst und kann daher nicht Orientierungsmaßstab für den Umfang der polizeilichen Spurensuche am Tatort sein. Durch den Täter werden ja nicht nur an dieser eng definierten Örtlichkeit, sondern bereits auch vor der unmittelbaren Tatbestandsverwirklichung sowie auch nach Verlassen des Tatortes Spuren hinterlassen. Hier bedarf es einer wesentlich weiteren Auslegung des Tatortbegriffes.

2.1.2 Kriminalistischer Tatort

Der **kriminalistische Tatort** ist jeder Ort, an dem der Täter vor, während oder nach der Tat gehandelt hat.

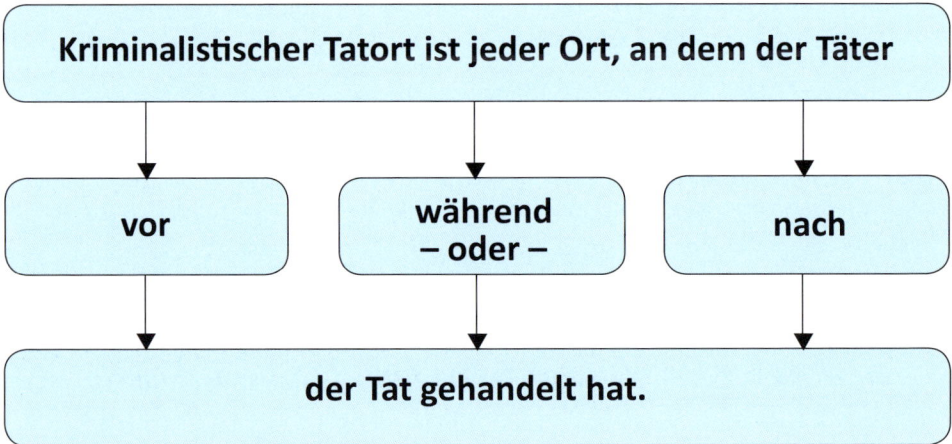

Abb. 11: Tatort im kriminalistischen Sinn

Weiter wird unterschieden in den Tatort im engeren Sinne und den Tatort im weiteren Sinne:
- „**Tatort im engeren Sinne** ist der Ort, an dem sich die Tat unmittelbar ereignet hat und Veränderungen in der Außenwelt, d.h. Spuren im Zusammenhang mit dem Geschehen erwartet werden können.
- **Tatort im weiteren Sinne** sind jene Örtlichkeiten, die mit der Tat im engen Zusammenhang stehen und Träger von Informationen über die Tat sind."[48]

„Der Tatort ist in den meisten Fällen Träger von Spuren der Tat, die für das kriminalistische Erkenntnis- und Beweisverfahren über das Tatgeschehen und die Täterschaft im Allgemeinen von großer Bedeutung sind. Der Tatort hat dadurch im Regelfall eine herausragende kriminalistische Relevanz. Nicht selten können Delikte nur anhand der Tatortspuren aufgeklärt und bewiesen werden, beson-

---
[46] Kramer, S. 107, Rz. 113.
[47] Nr. 2 RiStBV vom 01.01.1977, zuletzt geändert mit Wirkung vom 01.08.2015.
[48] Clages, in: Kriminalistik 03/2002, S. 216.

ders wenn Opfer, Zeugen oder sonstige Auskunftspersonen, die Angaben zur Tat machen können, fehlen oder ungeeignet sind."[49]

Vom Tatortbegriff sind u.a. noch abzugrenzen:

- **Ereignisort** ist ein Oberbegriff zur Kennzeichnung eines Raumes oder Ortes, in/an dem sich ein kriminalistisch relevanter oder ein die öffentliche Sicherheit beeinträchtigender Sachverhalt ereignete."[50]
- **Fundort** ist ein Ereignisort, an dem Gegenstände, Sachen oder Personen aufgefunden werden, die mit einer Straftat oder anderen kriminalistisch relevanten Handlungen in Verbindung stehen oder gebracht werden können."[51]

Juristischer Tatort ist im Leitsachverhalt die Wohnung der Eheleute Peksoy im 4. Obergeschoss des Hauses Marktallee 15f in Münster-Hiltrup. Dort wurde durch den bislang unbekannten Täter versucht, die Geschädigte in der Wohnung zu vergewaltigen. Aus § 7 StPO i.V.m. § 9 StGB i.V.m. § 143 GVG ergibt sich die Zuständigkeit der Staatsanwaltschaft Münster für das Ermittlungsverfahren, ihr ist nach Abschluss der polizeilichen Ermittlungen die Ermittlungsakte zu übersenden.

Kriminalistischer Tatort ist nicht nur die Wohnung und das Treppenhaus des Gebäudes. Der Täter war bei der Tat maskiert und mit einem Messer bewaffnet. Weiter führte der Täter eine Packung Präservative mit, auf der Packung befand sich noch der Preisaufkleber „Kanal-Apotheke". Diese ist 500 m vom Tatort entfernt. Es liegt der Schluss nahe, dass die Präservative ggf. dort zum Zwecke der Tatausführung gekauft wurden. Weitere Ermittlungen in der Kanal-Apotheke könnten zu Hinweisen auf die bislang unbekannte Person des Täters führen. Somit ist also auch die Kauförtlichkeit als Tatort anzusehen.

Unklar ist bislang noch, welchen konkreten Fluchtweg der Täter genommen hat. Häufig wird bei der Flucht die Maskierung in einem Müllbehälter entsorgt. An der eventuell entsorgten Tätermaskierung könnten ausschlaggebende Spuren (z.B. Haare) gefunden werden. Der Fluchtweg des Täters ist also gleichfalls dem kriminalistischen Tatort zuzurechnen.

Die Tat hat sich in der Wohnung der Eheleute Peksoy ereignet, unmittelbar vor der Wohnungstüre hat der Täter offenbar an dem frei zugänglichen Sicherungskasten manipuliert. Dieser Bereich ist als Tatort im engeren Sinne anzusehen.

Die übrigen genannten Örtlichkeiten stehen mit der Tat in einem engeren Zusammenhang und können Träger weiterer Informationen über die Tat oder den Täter sein, sie sind als Tatort im weiteren Sinne anzusehen.

---

[49] Ackermann/Clages/Roll, S. 108, Rz. 39.
[50] Roll, S. 11.
[51] Roll, S. 11.

2.2 Sicherungs- und Auswertungsangriff

Die polizeiliche Tatortarbeit wird nach der PDV 100 dem **Ersten Angriff** zugerechnet.

„Beim Ersten Angriff sind neben Maßnahmen der Gefahrenabwehr
- der Tatort zu sichern und erste wesentliche Feststellungen über den Tathergang zu treffen (Sicherungsangriff) und
- der Tatbefund zu erheben (Auswertungsangriff)."[52]

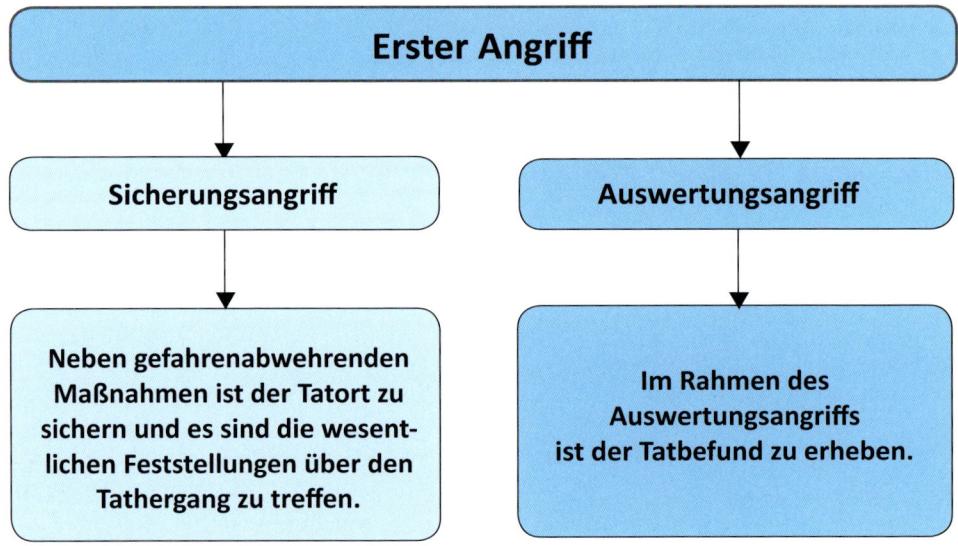

Abb. 12: Ziele des Ersten Angriffs

„Nach kriminalistischer Praxis ist unter Tatortarbeit die Gesamtheit der polizeilichen tatortbezogenen Tätigkeit zu verstehen, die mit dem Eintreffen der Sicherungskräfte am Ereignisort und der Sicherung des Tatortes beginnt, sich fortsetzt mit der Tatortuntersuchung und der Aufnahme des objektiven und subjektiven Tatbefundes. Die Tatortarbeit endet mit Abschluss der Tatortbefundaufnahme und dem Verlassen des Tatortes durch die Kräfte des Auswertungsangriffs."[53]

Die Absicherung des Tatortes wird hierbei dem Sicherungsangriff zugerechnet, dieser wird in den meisten Fällen durch die Kräfte des Wach- und Wechseldienstes durchgeführt. Die eigentliche Tatortaufnahme wird dem Bereich des Auswertungsangriffs zugerechnet. Zumindest bei schwerwiegenderen Delikten wird dieser grundsätzlich durch die Kräfte der Kriminalpolizei durchgeführt.

Zum **Sicherungsangriff** gehören nach der PDV 100 insbesondere folgende Maßnahmen:
- bei der Anfahrt zum Tatort ist auf tatbezogene Umstände zu achten,
- über die Nutzung von Sondersignalen und das verdeckte Abstellen von Dienstfahrzeugen zu entscheiden,

---
[52] PDV 100, Ziff. 2.2.3.
[53] Clages, in: Kriminalistik 2/2002, S. 144.

- bereits während der Anfahrt die Grundsätze der Eigensicherung zu beachten,
- sich einen ersten Überblick zu verschaffen,
- Verletzten Erste Hilfe zu leisten und ihre medizinische/ärztliche Versorgung zu veranlassen,
- den Tatort unverzüglich abzusperren,
- Tatverdächtige festzustellen, zu verfolgen, festzunehmen und zu durchsuchen bzw. Fahndungsmaßnahmen einzuleiten,
- unaufschiebbare körperliche Untersuchungen anzuordnen,
- durch Umwelteinflüsse und andere Beeinträchtigungen gefährdete Spuren zu schützen, ggf. zu sichern,
- unvermeidbare Veränderungen des Tatortes eindeutig zu kennzeichnen,
- Zeugen festzustellen, zu trennen und zu befragen,
- verdächtige Fahrzeuge festzustellen,
- den Tatort bis zum Eintreffen der für den Auswertungsangriff zuständigen Kräfte nicht zu verlassen und ihn an diese zu übergeben,
- die für die Tatortuntersuchung und -auswertung zuständigen Kräfte über die bisher getroffenen Feststellungen, Maßnahmen und Veränderungen zu informieren,
- soweit eine andere Dienststelle für die Bearbeitung sachlich zuständig ist, ist diese unverzüglich zu informieren,
- der Sicherungsangriff ist zu dokumentieren.

Da die Maßnahmen in der PDV 100 mit dem Zusatz „insbesondere" aufgeführt sind, handelt es sich hierbei keineswegs um eine abschließende Aufzählung. In jedem Fall ist eine eigenständige Sachverhaltsbewertung vorzunehmen. Falls Maßnahmen über die o.a. Aufzählung hinaus erforderlich sind, so müssen auch diese getroffen werden. Der Maßnahmenkatalog der PDV 100 ist hier lediglich als Mindeststandard anzusehen.

Ein stetiger Problembereich ist beim Sicherungsangriff zunächst die Erfordernis, schnell einsatztaktische Informationen zu erlangen (so z.B. Personenbeschreibung des flüchtigen Täters). Da diese Informationen i.d.R. von Zeugen erlangt werden, liegt hier grundsätzlich eine Vernehmung vor. Eine Vernehmung ist die gezielte staatliche Befragung einer Person im Rahmen eines Ermittlungsverfahrens, wobei die amtliche Eigenschaft des Vernehmenden erkennbar sein muss.

Von der Vernehmung abzugrenzen ist die **informatorische Befragung**. Von einer informatorischen Befragung kann nur dann gesprochen werden, wenn die Qualität des Sachverhaltes oder der verfahrensrechtliche Status einer Person noch nicht klar ist.

„Definiert werden kann sie als eine der Einleitung des Ermittlungsverfahrens vorlagerte Gewinnung eines groben Bildes, ob wirklich der Verdacht einer Straftat besteht und wer als Beschuldigter oder Zeuge in Betracht kommt."[54] Häufig ist jedoch bereits bei Einsatzübernahme oder unmittelbar nach dem Eintreffen am Einsatzort klar, welcher Sachverhalt zugrunde liegt und welchen verfahrensrechtlichen Status das Opfer hat, nämlich Zeuge.

---

54 Meyer-Goßner/Schmitt, § 163, Rz. 9.

Hier ist stets eine Einzelabwägung vor Ort zu treffen, ob aufgrund der Eilbedürftigkeit der Informationen zunächst auf eine zeugenschaftliche Belehrung des Opfers verzichtet wird oder ob bereits im Rahmen des Sicherungsangriffs eine ordnungsgemäße Belehrung der Zeugen erfolgt. Sollte eine Belehrung der Zeugen zunächst unterblieben sein, so ist dies den Kräften des Auswertungsangriffs mitzuteilen oder im Vorgang zu vermerken, damit ggf. später eine qualifizierte Belehrung erfolgen kann.

Zum **Auswertungsangriff** gehört es nach PDV 100 insbesondere:
– den Tatort zu besichtigen,
– ggf. die zuständige Staatsanwaltschaft zu unterrichten,
– zu prüfen, ob Spezialkräfte oder Sachverständige hinzuzuziehen sind,
– Bildmaterial und Skizzen einschließlich der Vermessung des Tatortes zu fertigen,
– Spuren zu suchen, zu sichern und auszuwerten,
– nach Beweismitteln zu suchen und diese sicherzustellen,
– Zeugen ergänzend zu befragen bzw. zu vernehmen,
– Tatverdächtige zu ermitteln,
– weitere für den Tatbefundbericht wesentliche Informationen zu erheben,
– die Fahndung zu aktualisieren und ggf. zu intensivieren,
– Berichtspflichten zu erfüllen,
– Verpflichtungen aus den Meldediensten zu beachten.

Über den ersten Angriff ist ein Tatortbefundbericht zu fertigen, der die
– Feststellungen beim Eintreffen am Tatort,
– Beschreibung des Tatortes, des Tatobjektes, des Opfers, der Spurensuche und der Spurensicherung (→ objektiver Befund),
– Darstellung von Tathergang, Tatumstände, Zeugenaussagen und eigenen Schlussfolgerungen (→ subjektiver Befund),
– getroffenen Maßnahmen

enthalten soll. Ein Schema für den Aufbau des Tatortbefundberichtes finden Sie im Anhang (Band II).

Die unverzügliche Verständigung der Staatsanwaltschaft durch die Kräfte des Auswertungsangriffs kommt nur in wenigen Fällen in Betracht, so u.a. bei Tötungsdelikten, bei herausragenden Branddelikten oder politisch motivierten schwereren Straftaten.

Ergibt die Prüfung, dass zur Tatortaufnahme Spezialkräfte hinzugezogen werden, so ist zunächst mit den Kräften (so z.B. Brandsachverständiger/MK-Einsatz) abzustimmen, welche Tatortmaßnahmen bis zu deren Eintreffen bereits vorgenommen werden können oder ob der Tatort bis zu deren Eintreffen unverändert zu belassen ist.

2.3 Grundsätze der Spurensuche

Der Spurensicherung geht stets die Spurensuche voran. Insbesondere Einbruchs-, Raub-, Sexual- und Tötungsdelikte haben ein hohes Spurenaufkommen. Eine hohe Spurendichte findet sich regelmäßig am engeren Tatort. Durch den intensiven Körperkontakt zwischen Täter und Opfer ist bei Raub-, Sexual- und Tötungsdelikten auch am Tatopfer eine Vielzahl von relevanten Spuren zu erwarten.

Soweit möglich, ist bei der Spurensuche, insbesondere am engeren Tatort, Schutzbekleidung zu tragen (Mundschutz, Schutzhandschuhe, Haarhaube, Schuhüberzieher und Schutzanzug).

Der Aufwand der Spurensuche und Spurensicherung orientiert sich u.a. an dem zu erwartenden Spurenaufkommen sowie der Sozialschädlichkeit und Schwere der Straftat.

Spurensuche ist jedoch nicht nur Aufgabe der Kräfte des Auswertungsangriffs. Ausschlaggebend für eine qualitativ hochwertige Spurensicherung ist zunächst einmal der unveränderte Erhalt der Spurenlage bis zu deren Sicherung sowie die Vermeidung von Trugspuren oder Spurenkontaminationen durch die Sicherungskräfte am Tatort.

Der engere Tatort ist in den meisten Fällen leicht eingrenzbar. Der Absperrbereich ist in diesen Fällen klar zu definieren. Die Tatortabsperrung bis zur Spurensicherung ist grundsätzlich Aufgabe der Kräfte des Wach- und Wechseldienstes im Rahmen des Sicherungsangriffs. Diese Aufgabe ist im Maßnahmenkatalog der PDV 100 als Standardmaßnahme des Sicherungsangriffs auch konkret benannt.

Ein Betreten des Tatortes durch die Kräfte des Wachdienstes wird unvermeidbar sein, denn es ist stets Aufklärung am Tatort zu betreiben, so z.B.:
– Welches Delikt liegt vor?
– Sind Erste Hilfe-Leistungen erforderlich?
– Sind zwingende gefahrenabwehrende Maßnahmen zu treffen/zu veranlassen?
– Sind die Täter noch vor Ort/Täternacheile möglich?

Diese Maßnahmen gehen der Spurensuche zunächst voraus, notwendige Veränderungen der Tatortspurenlage zum Zwecke dieser Maßnahmen müssen notfalls in Kauf genommen werden. Veränderungen sind hierbei auf das erforderliche Minimum zu reduzieren und zu dokumentieren (Bericht/Foto). Weitere Veränderungen am engeren Tatort, so z.B. Markierungen von Spuren am engeren Tatort, sind zwingend zu vermeiden.

Der Sicherungsangriff wird stets nur mit den ad hoc verfügbaren Kräften des Wachdienstes durchzuführen sein. Diese Kräfte haben neben der Aufgabe den Tatort abzusperren auch noch Fahndungsaufgaben durchzuführen sowie im Umfeld des Tatortes nach möglichen Zeugen zu suchen. Vielfach laufen parallel weitere Einsätze in der Behörde. Daher ist eine Absperrung des Tatortes stets kräfteökonomisch durchzuführen und an Gebäudegrenzen, Grundstückeinfriedungen oder sonstigen natürlichen Hindernissen zu orientieren.

Sind wesentliche Spuren gefährdet (z.B. durch Witterungseinflüsse), so ist eine Notsicherung der Spuren durchzuführen. Dies kann durch Abdecken (z.B. Rettungsdecke) oder Verlagerung der Spur/des Spurenträgers (z.B. Funkwageninnenraum) geschehen. Zuvor ist die Lage der Spur am Tatort durch Fotos zu dokumentieren.

Zum kriminalistischen Tatort zählt auch der Weg des Täters zum Tatort, der Weg nach Verlassen des Tatortes oder der Fluchtweg sowie der Aufbewahrungsort der Beute. So werden z.B. auf der Flucht nach einem Raub Beutestücke ohne Wert (z.B. Portemonnaie) oder Teile der Maskierung weggeworfen. Hier gestaltet sich die Eingrenzung des weiteren Tatortbereichs häufig als recht schwierig. Oft sind zunächst nur die letzten Meter der Annäherung an das Tatopfer/Tatobjekt bekannt sowie die grobe Fluchtrichtung des Täters. Der übrige Weg des Täters zum Tatort und vom Tatort weg muss vielfach durch Ermittlungen (z.B. Zeugenvernehmungen) rekonstruiert werden. Je schneller hier Ergebnisse vorliegen, desto höher ist die Wahrscheinlichkeit, dass noch Beweismittel in unveränderter Form gefunden werden.

Mit der Rekonstruktion des möglichen Annäherungsweges und des Fluchtweges kann somit nicht bis zum Eintreffen der Kräfte des Auswertungsangriffs gewartet werden, diese Maßnahme ist durch die Kräfte des Wach- und Wechseldienstes unverzüglich durchzuführen.

2.4 Systematik der Spurensuche

Die Spurensuche ist immer systematisch zu betreiben und zu dokumentieren. Stets ist zu berücksichtigen, dass sich der Tatort den Beamten nur abschnittsweise bzw. sukzessive erschließt.

In der kriminalistischen Literatur wurde eine Vielzahl von Systematiken und Modellen für die Spurensuche am Tatort vorgestellt. Die standardmäßige Festlegung auf ein bestimmtes Schema scheint ungeeignet.

Die gewählte Systematik ist zunächst einmal von den räumlichen Gegebenheiten des Tatortes, dessen Ausdehnung und der momentanen Kräftelage abhängig. In einem umbauten Raum bietet sich häufig eine Spurensuche im Uhrzeigersinn an. Die einzelnen Räume werden hierbei dann nacheinander abgearbeitet.

Bei größeren Tatorten oder Unfallorten im Freiland bietet sich hingegen häufig die Aufteilung in Areale an.

Zunächst sind Spuren in den Bereichen zu suchen, in denen die Gefahr der Spurenvernichtung am höchsten ist (so u.a. Eingangs- und Zugangsbereiche). Anschließend sollten zunächst jene Bereiche nach Spuren abgesucht werden, die kräfteintensiv abgesperrt werden müssen.

Jede Tat hat ihr spezifisches Erscheinungsbild. Bei seinen Handlungen hinterlässt der Täter – bewusst oder unbewusst – eine Vielzahl von Spuren. Nicht alle Spuren sind am Tatort sofort offen erkennbar (z.B. Fingerspuren). Diese Spuren müssen gefunden und gesichert werden.

Zur Lösung dieser kriminalistischen Aufgabe bedienen wir uns der Heuristik.

„**Heuristik** ist die Lehre von der methodischen Gewinnung neuer Erkenntnisse mithilfe von Denkmodellen, Analogien und Gedankenexperimenten."[55]

„In der Kriminalistik spielt die Heuristik insbesondere beim ersten Angriff eine wesentliche Rolle. So kann z.B. für den Auswertungsangriff in Bezug auf die Suche und die Sicherung von Spuren ein heuristischer Suchplan aufgestellt werden, bei dem gedanklich das Tatgeschehen durch leitende Fragestellungen erschlossen wird [...] Der Vorteil eines heuristischen Suchplanes ist es, dass die Spurensuche auf die Bereiche, die vermutlich Spuren tragen könnten, beschränkt wird [...]"[56]

---

55 Der Brockhaus, Bd. 6, 1998, S. 222.
56 Möllers, S. 934.

Der Täter der versuchten Vergewaltigung ist laut Angabe der Zeugen flüchtig. Der Tatort befindet sich in einem umbauten Raum. Durch die Beamten ist kurz zu überprüfen, ob sich der Täter tatsächlich nicht mehr in der Wohnung aufhält und in der Wohnung keine offensichtlichen fahndungsrelevanten Gegenstände gefunden werden (z.B. verlorener Personalausweis). Sodann ist der engere Tatort nicht mehr zu betreten und abzusperren. Gleichfalls ist der Bereich des Hausflurs vor dem Sicherungskasten im 4. OG durch einen Beamten abzusperren.

Ob der Absperrbereich auf das weitere Treppenhaus auszudehnen ist, muss von der individuellen Spurenlage im Treppenhaus abhängig gemacht werden, die vorliegenden Angaben des Sachverhaltes rechtfertigen dies zur Zeit nicht. Hier ist durch die Kräfte des Wach- und Wechseldienstes eine erste Spurensuche durchzuführen, um den entsprechenden Absperrbereich, bezogen auf den weiteren Tatort, zu definieren. Anschließend ist zu prüfen, ob sich am Opfer Spuren der Tat/des Täters befinden. Dem Opfer sind Verhaltensanweisungen zum Schutz und Erhalt der Spuren zu geben, erforderlichenfalls ist eine Notsicherung der Spuren durchzuführen.

Eine Spurensuche am Tatort im engeren Sinne ist durch die Kräfte des Sicherungsangriffs nicht durchzuführen, dies ist ausschließlich Aufgabe der Kräfte des Auswertungsangriffs. Aufgrund der Gesamtspurenlage sowie der Aussage der Geschädigten ist hier der Rückschluss zu ziehen, dass sowohl an der Bekleidung des Tatopfers als auch an der Kleidung des Täters Kontaktspuren in Form von Mikrospuren zu erwarten sind.

Somit ist bei der Spurensicherung zwingend Schutzkleidung zu tragen. Das Anhauchen von möglichen Fingerspuren ist – mit Blick auf eine mögliche DNA-Analyse – grundsätzlich immer zu unterlassen.

Die Tatschilderung des Opfers lässt den Schluss zu, dass durch den Täter offenbar gezielt der Strom für die Wohnung am Sicherungskasten ausgeschaltet wurde, dieser befindet sich offenbar frei zugänglich im Treppenhaus. Dies lässt den Schluss zu, dass hier entsprechende Täterspuren zu finden sind. Somit sind im Treppenhaus und am Sicherungskasten Spuren zu suchen und später zu sichern. Zudem muss dieser Bereich bis zum Abschluss der Maßnahmen kräfteaufwändig abgesperrt werden. Anschließend ist eine Spurensuche am Opfer durchzuführen, da hier mit einer Veränderung/Vernichtung von Spuren durch menschliches Verhalten zu rechnen ist.

Erst danach wird eine Spurensuche am engeren Tatort durchgeführt, hier zunächst beginnend im Eingangsbereich/Flur der Wohnung. Anschließend ist eine Spurensuche im „Tatzimmer" und dann in chronologischer Abfolge in den übrigen Räumen der Wohnung durchzuführen.

2.5 Hilfsmittel der Spurensuche

Prinzipiell kann schon die geeignete Systematik der Spurensuche als Hilfsmittel bezeichnet werden. In Abhängigkeit der vorhandenen und zu erwartenden Spuren stehen dem Kriminaltechniker[57] verschiedenste weitere Hilfsmittel zur Verfügung.

Unterschieden werden insbesondere
– optische Hilfsmittel,
– Klebefolien,

---

57 Zur Vereinfachung wird im Folgenden nur die männliche Form gewählt, gemeint ist jeweils auch die weibliche.

- pulverförmige Substanzen, Flüssigkeiten und Gase,
- Chemikalien,
- Spezialgeräte und
- Spürhunde.[58]

Die Wahl des Mittels und dessen Anwendung in Art und Menge müssen grundsätzlich gewährleisten, dass alle denkbaren Optionen der Spurenauswertung erhalten bleiben.

Für den Fall, dass der Einsatz eines Hilfsmittels Spurenträger beschädigt oder gar zerstört, sind besondere Anforderungen an die Verhältnismäßigkeit der Mittel zu stellen. Eine mögliche Schadensersatzpflicht der Behörde ist in Betracht zu ziehen. Verschiedene, hier angeführte Hilfsmittel dienen über die Spurensuche und Sichtbarmachung hinaus gleichzeitig der Spurensicherung und unter Umständen auch der Auswertung. Oftmals bietet sich durchaus eine Kombination verschiedener Mittel an, sei es gleichzeitig oder auch nacheinander. Die nachfolgend dargestellten optischen Hilfsmittel sind Bestandteil der technischen Ausrüstung der KTU-Stellen/Erkennungsdienste in NRW, die sich allerdings längst nicht einheitlich gestaltet.

Optische Hilfsmittel
Die wichtigsten optischen Hilfsmittel sind Lichtquellen, Lupen und Mikroskope. Der Einsatz von Lichtquellen bezieht sich sowohl auf die Lichtführung als auch auf die spektrale Zusammensetzung des Lichtes (Abb. 13).

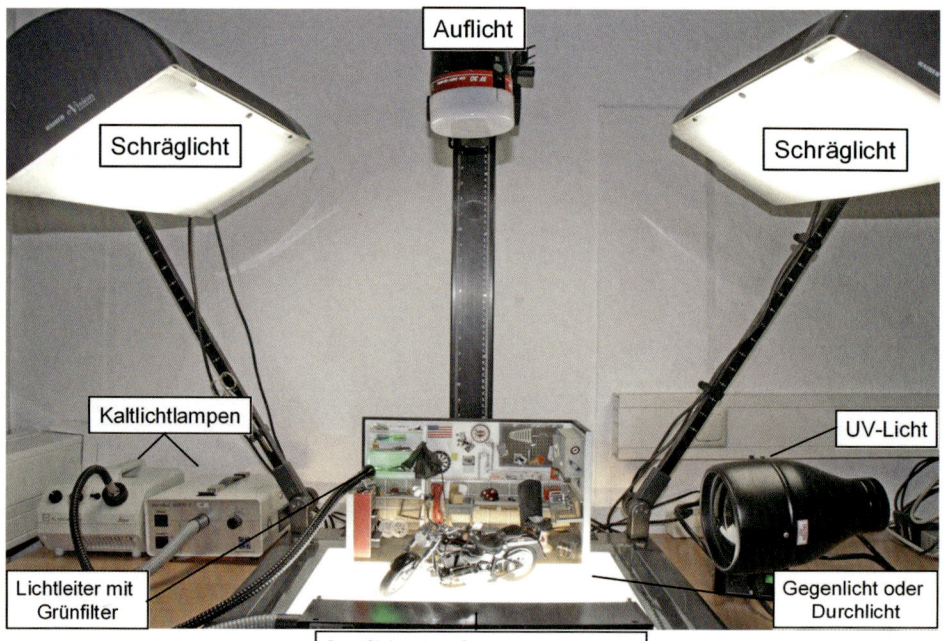

Abb. 13: Optische Hilfsmittel

---

58 BKA, Anleitung Tatortarbeit – Spuren, Ziff. 1.1.3.

Lichtführung

Die Lichtführung spielt generell im sichtbaren Spektralbereich eine Rolle, um durch den Einfallswinkel auf den Spurenträger die Lichtbrechung zu steuern und Spuren so sichtbar zu machen.

Abb. 14: Spuren am Tatort mit Querschnittswandler

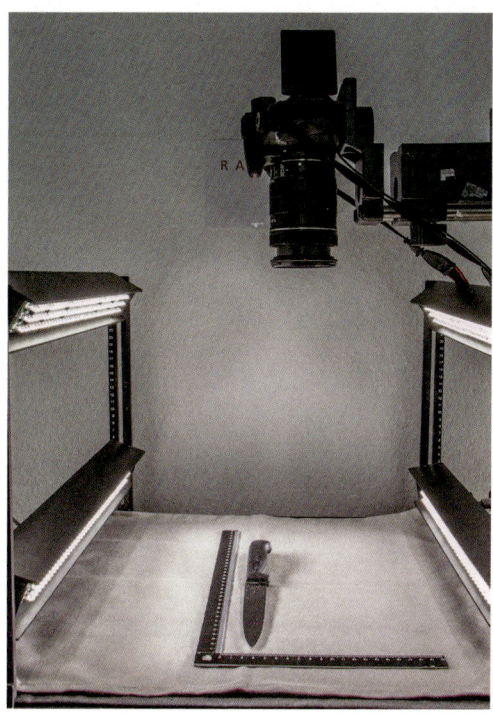

Abb. 15: Lichtführung via LED-Leisten

Abb. 16: Koaxiales LED-Auflicht

Abb. 17: Fotografie einer Schuhspur auf Gelfolie; Lichtführung über Querschnittswandler

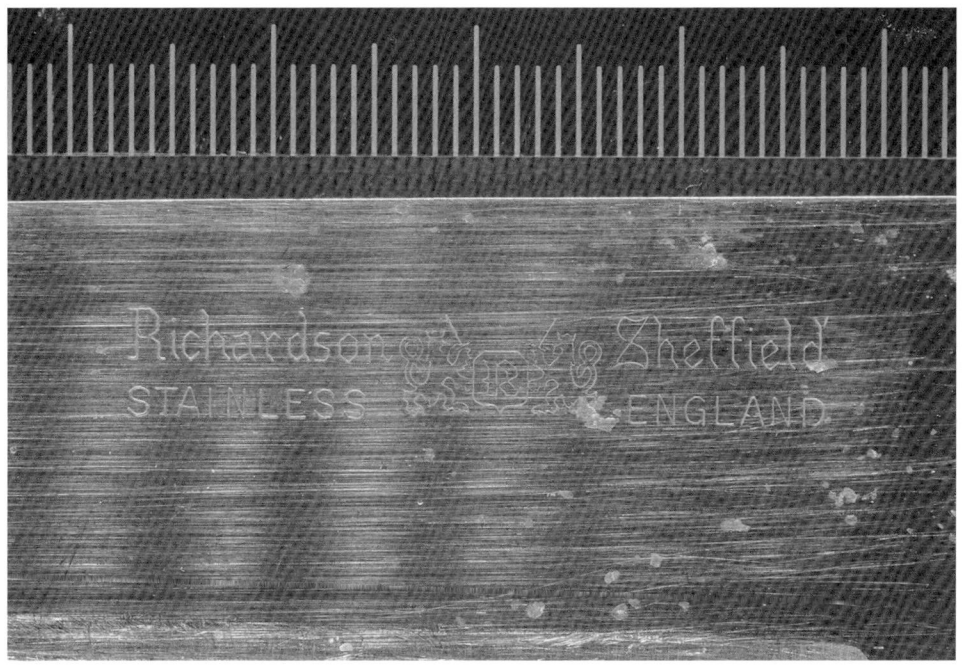

Abb. 18: Detailaufnahme Messer (Schliff und Gravur) mit LED-Streiflicht

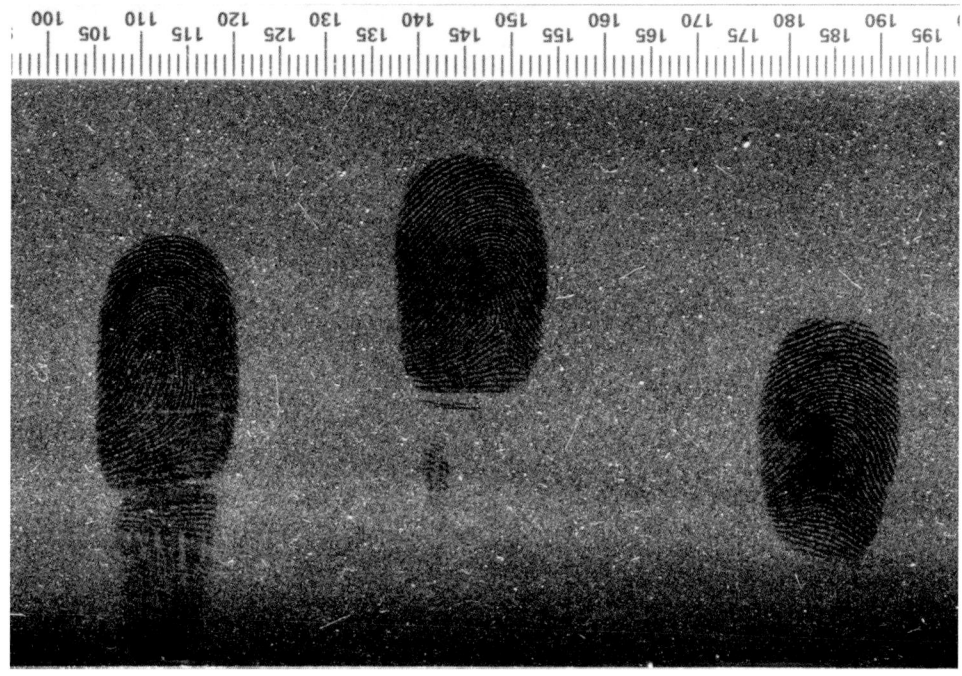

Abb. 19: In Staub gelegte Fingerpuren; Lichtführung über Querschnittswandler

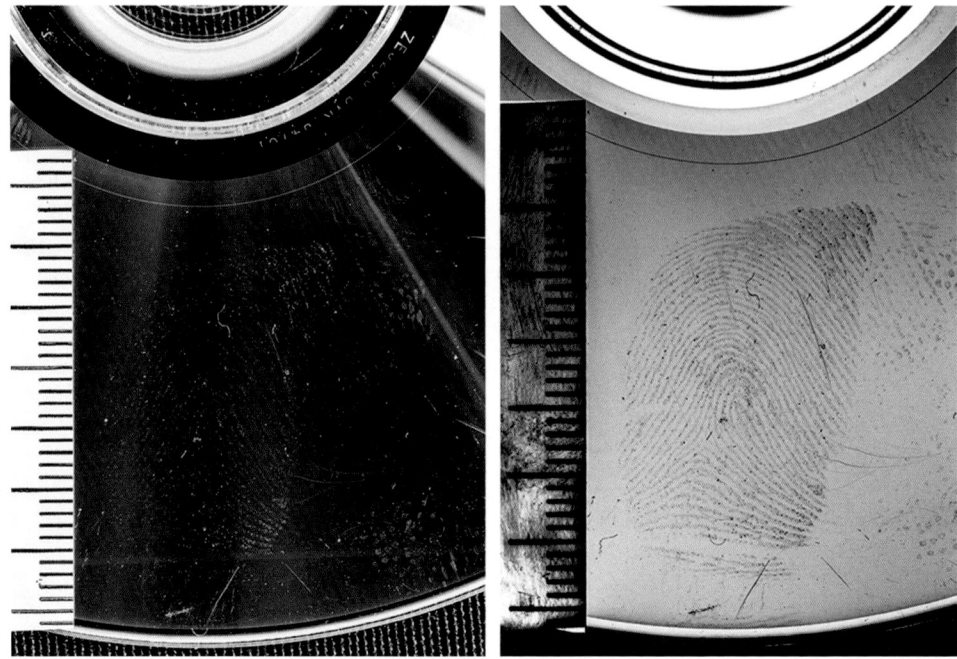

Abb. 20: Daktyspur auf DVD (links Schräglicht; rechts koaxiales Auflicht)

Die Abbildungen 14, 17 und 19 zeigen Aufnahmen, bei denen zur Spurensuche und fotografischen Sicherung ein Querschnittswandler eingesetzt wurde. Dessen durch eine Kaltlichtlampe[59] erzeugtes Licht wird durch einen Lichtleiter geleitet. Ein Fiberglasstab sendet parallel zum Untergrund verlaufendes Streiflicht aus, das sich an Staubkörnern, anderen Partikeln und Gegenständen bricht.

Lichtführung über LED
Zur Ausleuchtung von Tat- und Unfallorten, zur Spurensuche und vor allem zur fotografischen Sicherung von Spuren werden vermehrt leuchtende Halbleiter, sogenannte LED (light-emitting diode) eingesetzt.

Abbildung 15 zeigt einen Aufnahmetisch mit vier einzeln steuerbaren, dimmbaren und kontrastreichen Kaltlicht LED-Leisten mit je 126 gerichteten LED.

Lichtintensität und Lichtführung lassen sich individuell der Oberfläche des Spurenträgers und den Eigenschaften der Spur anpassen. Strukturen und Reflexionen können, je nach Erforderlichkeit, sichtbar gemacht oder ausgeblendet werden (Abb. 18).[60]

Leitet man diffuses LED-Licht durch eine halbdurchlässige (beschichtete) schwenkbare Glasscheibe, die sich zwischen Kamera und Spurenträger befindet, so lässt sich die Lichtführung parallel zur Objektivachse auf den Spurenträger lenken und sogenanntes koaxiales Auflicht erzeugen (Abb. 16).

Durch Schwenken der Glasscheibe lässt sich die Lichtführung stufenlos variieren. Dies ermöglicht die schattenfreie Ausleuchtung von Hohlräumen (z.B. Pat-

---

59 Es handelt sich hierbei um eine Lichtquelle mit erheblich verringertem Infrarotanteil.
60 Produktblatt Fa. Musch Studiotechnik GmbH, D-63322 Rödermark.

ronenhülsen), die Filterung von störenden Reflexen oder Doppelungen (z.B. auf Spiegeln, DVDs oder Schmuck) sowie die Sichtbarmachung von Spuren ohne zusätzliche Hilfsmittel wie Adhäsionsmittel oder anderen Indikatoren. Abbildung 20 zeigt eine daktyloskopische Spur auf der glänzenden Seite einer DVD, links unter herkömmlichem Schräglicht, rechts unter koaxialem Auflicht fotografiert.

Licht verschiedener Wellenlängen
Eine spezielle spektrale Zusammensetzung kann insbesondere organische Spuren zur Lumineszenz[61] anregen und daher mit oder ohne Hilfe von Filtern für das menschliche Auge sichtbar machen, wie beispielsweise die in Abbildung 13 dargestellte Lichtleiter mit aufgesetztem Grünfilter und die UV-Leuchte.

In der Praxis kommen vermehrt multispektrale Leuchten zum Einsatz, deren Spektren vom kurzwelligen UV-Licht bis hin zum langwelligen Infrarotlicht reichen. Die relevanten Spuren werden abhängig von der zu suchenden Substanz mit einem hinsichtlich der Wellenlänge definierten Licht (Anregungslicht) bestrahlt und können, ebenfalls abhängig von der Substanz, mit oder ohne Filter (Sperrfilter) betrachtet und fotografiert werden. Der Einsatz zur Spurensuche erfordert eine gewisse Erfahrung und eine recht konkrete Vorstellung, welche Art von Spur gesucht werden soll. Den Lichtquellen beiliegende Checklisten, Anleitungen aus dem Internet oder Fachliteratur können helfen, die richtige Kombination von Licht und Filter zu finden.

Die Suche nach Sperma erfordert beispielsweise ein blau bis violettes Anregungslicht und einen gelb- bis orangefarbenen Sperrfilter. Blut wird mit UV-Licht angeregt und erfordert generell keinen Sperrfilter.

Abb. 21: Spurensuche unter UV-Licht

---

61 Leuchten eines Stoffes, das nicht durch Erhöhung der Temperatur bewirkt wird (Duden online 2015).

Abbildung 21 zeigt die Spurensuche und lumineszierende Wirkung von UV-Licht. UV-Licht wird darüber hinaus generell zur Echtheitsprüfung von Urkunden und Geldscheinen (Abb. 22 und 23) sowie zum Nachweis von speziellen Fangstoffen[62] eingesetzt.

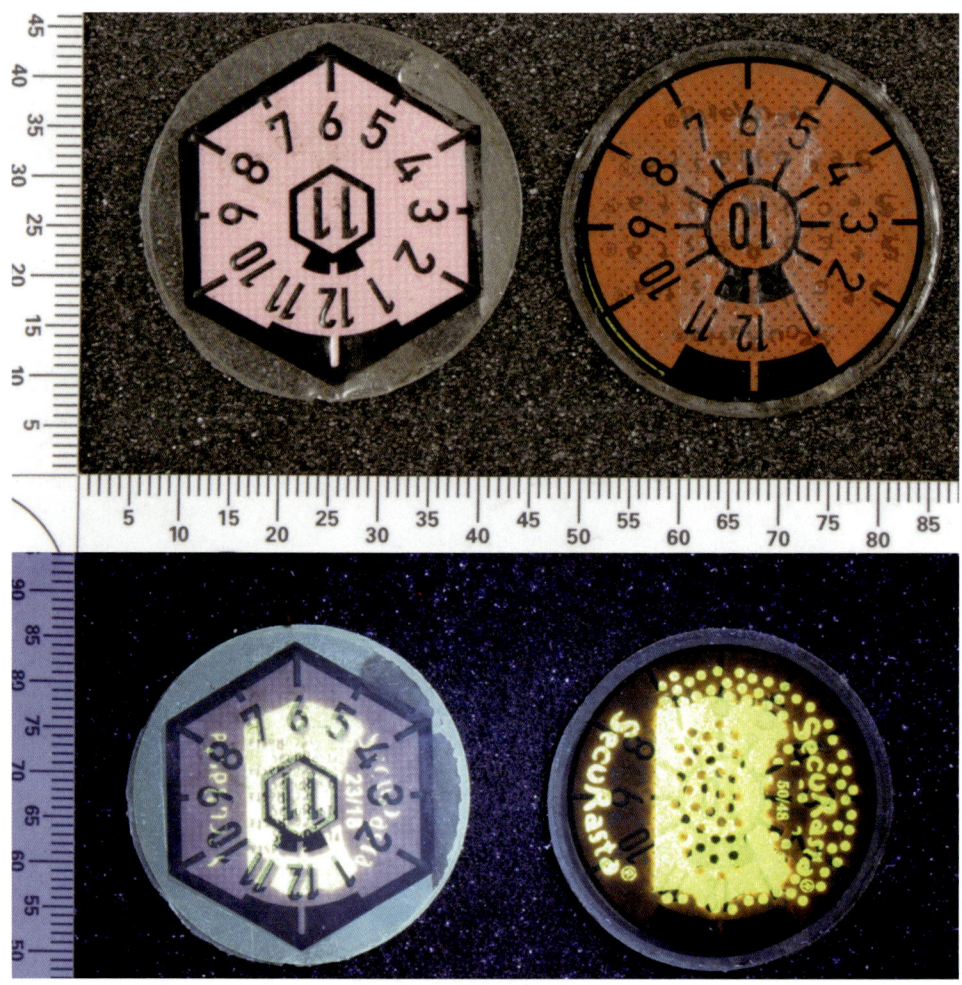

Abb. 22: Prüf-Plaketten mit und ohne UV-Licht

Hinweis zur Eigensicherung/zum Arbeitsschutz
Der Einsatz von UV-Licht kann allerdings sowohl für die Netzhaut des Auges als auch für den jeweiligen Spurenträger oder die Spur aufgrund aggressiver Strahlung und Hitzabstrahlung schädlich sein. In jedem Fall ist eine geeignete Schutzbrille zu tragen.

---

62 Vgl. BKA, Anleitung Tatortarbeit – Spuren, Ziff. 20 „Fangstoffe".

Welches Licht, präziser ausgedrückt, mit welcher Wellenlänge Licht zum Einsatz kommt, hängt insbesondere von der Art der vermuteten Spuren und Gegenstände ab.

Abb. 23: Geldschein unter UV-Licht

Klebefolien werden insbesondere zur Sicherung von Faser-, Mikro- und Lackspuren eingesetzt und dienen weniger der Spurensuche an sich. Die Spurensuche und deren Auswertung erfolgt im Nachgang mit Hilfe von Lichtmikroskopen.

Pulverförmige Substanzen, wie Rußpulver, Magnetpulver oder Fluoreszenzpulver, dienen der Suche nach Spuren auf glatten, nicht saugenden Untergründen. Sichtbar werden Spuren, die eine gewisse Restfeuchtigkeit aufweisen, insbesondere menschliche Abdruckspuren (daktyloskopische Spuren und Ohrabdrücke) sowie Schuhspuren. Fluoreszenzpulver werden verbreitet bei der Präparierung von Diebesfallen als Fangstoffe eingesetzt und deren Rückstände mit UV-Licht sichtbar gemacht.

Abb. 24: Ruß- und Magnetpulver (Adhäsionsmittel)

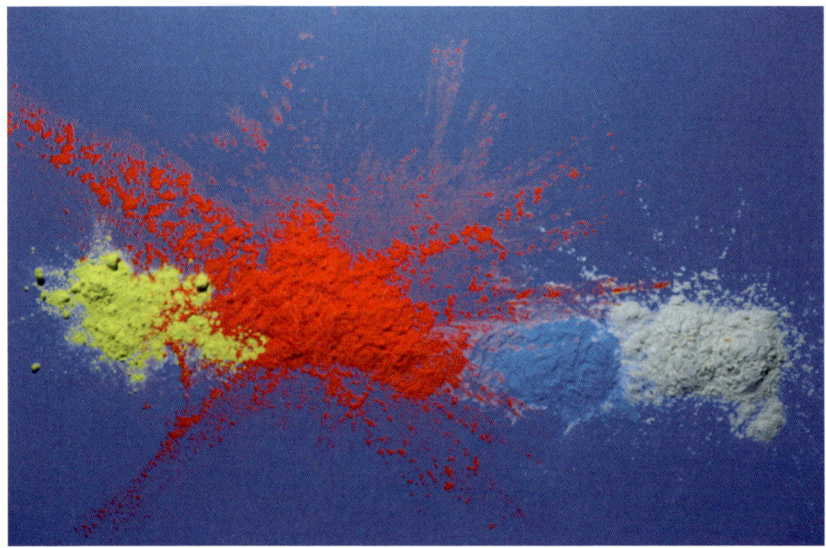

Abb. 25: Fluoreszenzpulver

Chemikalien reagieren als Indikator auf die Inhaltsstoffe der zu erwartenden Spur und werden vorwiegend im Bereich der Daktyloskopie (Kapitel 4.1.1), der Blutspurensuche (Kapitel 4.4.1) aber auch zur Visualisierung von Spuren ausgelegter Fangmittel (Kapitel 4.9) eingesetzt.

In Deutschland etablierte Chemikalien zur Spurensuche sind beispielsweise Ninhydrin, Cyanacrylat, Gentian-Violett, Amido-Schwarz, Luminol, LumiScene oder auch einfacher Fotoentwickler.

> **Hinweis zur Eigensicherung/zum Arbeitsschutz**
> Der Einsatz von pulverförmigen Substanzen und Chemikalien erfordert immer die Ausstattung mit persönlicher Schutzausrüstung (PSA). Die PSA besteht zumindest aus für den jeweiligen Stoff geprüften Handschuhen und Atemschutz sowie einer geeigneten Schutzbrille. Fallen eingesetzte Stoffe oder deren Inhaltsstoffe unter die Gefahrstoffverordnung (GefStoffV) [63], so ergibt sich deren Handhabung, die PSA, und die Entsorgung aus den aktuellen Sicherheitsdatenblättern. Mit Gefahrstoffen behandelte Spurenträger sind entsprechend zu kennzeichnen. Für Eigensicherung und Arbeitsschutz verantwortlich sind Arbeitgeber und Mitarbeiter gleichermaßen.
>
> Die Verwendung von PSA ist auch dann erforderlich, wenn es sich nicht um einen kennzeichnungspflichtigen Stoff im Sinne der GefStoffV handelt. Aktuell wird in Deutschland der Einsatz von Rußpulver außerhalb von Laboren kontrovers diskutiert, da Rußpulver im Verdacht steht, bei seiner Herstellung krebserregende, fortpflanzungsgefährdende oder erbgutverändernde Nebenprodukte (CMR-

---

[63] Verordnung zum Schutz vor Gefahrstoffen vom 26.11.2010 (BGBl. I S. 1644), die zuletzt durch Artikel 2 der Verordnung vom 03.02.2015 (BGBl. I S. 49) geändert worden ist.

Stoffe) zu erzeugen, deren Einatmung zu Gesundheitsschäden führen kann. Rußpulver fällt nicht unter die GefStoffV und unterliegt somit keiner Kennzeichnungspflicht. Die Reaktionen der Länderpolizeien reichen diesbezüglich vom Verbot des Einsatzes von Rußpulver außerhalb von Laboren bis hin zu Hinweisen auf die persönliche Schutzausrüstung und die Beschränkung auf das unbedingt erforderliche Maß.

Spezialgeräte zur Spurensuche dienen beispielsweise der Suche von Munitionsteilen **(Metallsuchgerät),** der Sicherung von Schuhspuren auf textilen Materialien **(Electrostatic Dust Print Lifter Kit-„DLK")** oder der Sichtbarmachung latenter Durchdruckspuren auf Papier **(Electrostatic Detection Apparatus-„ESDA").** [64]

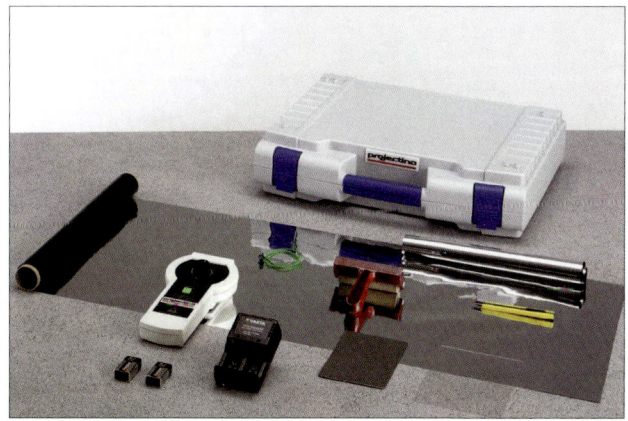

Abb. 26: DLK [65]

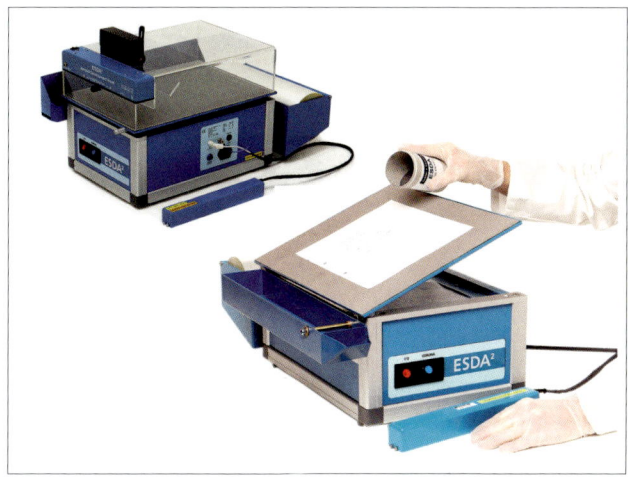

Abb. 27: ESDA [66]

---

64 BKA, Anleitung Tatortarbeit – Spuren, Ziff. 1.1.3.
65 Bildquelle: www.projectina.ch.
66 Bildquelle: www.fhdi.co.uk/equipment.html..

Spürhunde sind aus der kriminalistischen Arbeit heute nicht mehr wegzudenken. Sie leisten traditionell herausragende Arbeit in Bezug auf das Auffinden von verschütteten Menschen, Leichen, Betäubungsmitteln sowie Waffen, Munitionsteilen oder Rückständen nach Schusswaffendelikten. Während sich die klassischen Spürhunde für die Suche nach Leichen, Sprengstoff oder Betäubungsmitteln in der polizeilichen Praxis längst etabliert haben, gewinnt der Einsatz von **Mantrailern** und **Geruchsspurenvergleichshunden** zunehmend an Bedeutung. Ihrem Einsatz wird unter der Ziffer 4.6 jeweils ein eigenes Kapitel gewidmet.

3 Grundlagen der Spurensicherung
3.1 Dokumentation der Spuren/Spurenlage

Der konkrete Beweiswert von Spuren in Bezug auf das polizeiliche Ziel, nämlich die Aufklärung des zugrunde liegenden Sachverhaltes, hängt insbesondere von **Art und Lage** der einzelnen Spur am Tatort sowie der Lage der relevanten Spuren zueinander ab. Art und Lage von Spuren sind für das Beweisverfahren nachvollziehbar zu dokumentieren. Die unzureichende Informationslage zu Beginn der Tatortarbeit, die selektive Wahrnehmung von Zeugen und Beschuldigten sowie die Fülle von Informationen im Hinblick auf die Rekonstruktion von Geschehensabläufen gebietet die Dokumentation der **gesamten** Tatortsituation. Der Tatort wird mit Hilfe geeigneter Hilfsmittel in Auffindesituation für die Zukunft „eingefroren".[67] Gleiches gilt für die Spurensuche, deren eindeutige Kennzeichnung sowie für die Spurensicherung und Asservierung.

Generell erfolgt die Dokumentation der Tatortsituation in Form von beschreibendem Text im objektiven Teil des **Tatortbefundberichtes**. Die Spurensicherungsarbeiten werden in einem weiteren Teil des Tatortbefundberichtes beschrieben, dem **Spurensicherungsbericht**. Den gesamten Tatort mit all seinen Einzelheiten exakt zu beschreiben gestaltet sich als enorm aufwendig und in Teilen nahezu unmöglich. Darüber hinaus birgt die alleinige Beschreibung von Gegebenheiten in sich sämtliche Fehlerquellen der menschlichen Kommunikation.

Auch der Polizeibeamte unterliegt der selektiven Wahrnehmung, schränkt durch die Wahl seiner Worte Genauigkeit und Objektivität ein und nimmt unter Umständen frühzeitig der Sache nicht zuträgliche Wertungen vor. Die Leser werden das Geschriebene ihrerseits wiederum gemäß ihrer Vorstellung interpretieren, womöglich ohne am Ende eine genaue Vorstellung von dem zu haben, was der Verfasser meint. Die Praxis zeigt, dass selbst ausführliche Berichte in Gerichtsverhandlungen der Nachfrage und Erläuterung bedürfen, oft aus der Erinnerung der aufnehmenden Beamten heraus.

> *Der Leitsachverhalt enthält Passagen aus dem an sich sehr präzise formulierten objektiven Teil des Tatortbefundberichtes, und dennoch lässt die Beschreibung Raum für eigene Interpretationen des Lesers, die zwangsläufig zu einer subjektiven und oberflächlichen Vorstellung der Tatortsituation führen.*
>
> *Beispiele:*
> *„In dem Gebäude befinden sich in jeder Etage insgesamt zwei Wohnungen. Die Wohnung der Geschädigten und ihrer Eltern befindet sich in der obersten Etage.*
> *Im Treppenhaus der jeweiligen Etage befinden sich frei zugänglich die jeweiligen Sicherungskästen für die Stromversorgung. Die Wohnungseingangstüren sind Standardware mit Türspion und Sicherheitsbeschlägen."*
> *Mit keinem Wort wird erwähnt, ob der Sicherungskasten und die Wohnungstür der Geschädigten durch den Türspion der Nachbarwohnung eingesehen werden können.*
> *„Bei einer ersten Inaugenscheinnahme des Tatortes wurde auf dem Fußboden des Tatzimmers ein sog. Ausbeinmesser (Küchenmesser mit ca. 15 cm langer Klinge/Standardware) gefunden. Am Griff des Messers waren Blutanhaftungen feststellbar."*

---

67 Vgl. Kapitel 2.1 Tatort.

Obwohl das Messer an dieser Stelle mit Unterstützung eines Fachbegriffes beschrieben wird, dürften nur Fachleute eine genaue Vorstellung vom Aussehen der Tatwaffe haben.
Auszug aus dem Spurensicherungsbericht:
„Die Jugendliege im Zimmer des 11-jährigen Bruders wurde in Auffindesituation flächendeckend topografisch mit Mikrospurensicherungsfolie abgeklebt und von 1 – 122 durchnummeriert."
Selbst wenn an dieser Stelle die Lage jeder einzelnen Folie beschrieben wird, bedarf die Arbeit vor Gericht mit hoher Wahrscheinlichkeit der Erläuterung.

In der polizeilichen Praxis hat sich die Ergänzung des Tatortbefundberichtes durch

– **Skizzen (je nach Bedarf mit oder ohne Maßstab)**,
– **Lichtbildmappen**,
– **vollsphärische Digitalaufnahmen und Dokumentationssoftware**,
– **Laserscanner oder**
– **elektrooptische Messverfahren**

längst bewährt. An dieser Stelle sei erwähnt, dass selbstverständlich auch Unfallorte unter die Definition „Tatorte" fallen und folglich als solche zu bearbeiten sind. Die Dokumentation erfolgt grundsätzlich in Form eines **Unfallbefundberichtes**.[68]

3.1.1 Tatort-/Unfallskizzen

Skizzen eignen sich hervorragend zur Darstellung der Gesamtspurenlage und ihrer Vermaßung. Sie können in Form einer ergänzenden Handskizze als einer nicht maßstabsgerechten Zeichnung unter Angabe der Maße oder maßstabsgerecht erstellt werden, zum Beispiel im Maßstab 1:200. Als Basis kann man Grundskizzen vom Vermessungs- und Katasteramt oder Bauzeichnungen verwenden. Meist sind auf den Wachen bereits Grundskizzen der wichtigsten Kreuzungs-/Einmündungsbereiche und Unfallbrennpunkte vorhanden. Als Hilfsmittel für die Fertigung wurden früher Schablonen verwendet, die das Einzeichnen von Einzelheiten im vorgegebenen Maßstab erleichterten.

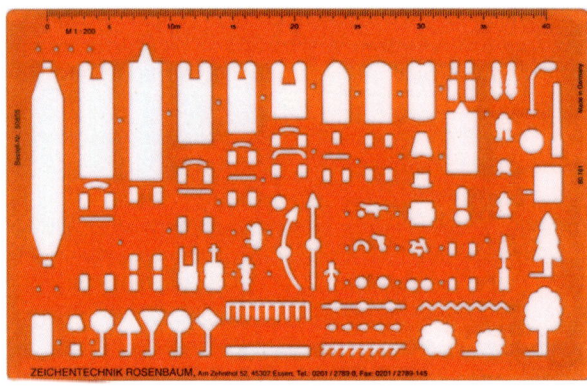

Abb. 28: Schablone Maßstab 1:200

---

68 „Aufgaben der Polizei bei Verkehrsunfällen", RdErl. des IM NRW - 41 - 61.05.01 - 3 - vom 25.08.2008 (MBl. NRW. S. 470), zuletzt geändert durch RdErl. vom 18.02.2012 (MBl. NRW. S. 742), Ziffer 2.1.3.

Mit Voranschreiten der IT-Technik wurden die von Hand gefertigten Skizzen ersetzt durch elektronische Anwendungen wie Wohnungs- und Landschaftsplaner. Das Land NRW hat sich im Jahr 2009 auf die Anwendung **Microsaft Visio** fest gelegt. Visio ermöglicht es durch Unterstützung einer Vielzahl von Werkzeugen, sogenannte „shapes"[69], maßstabgerechte Skizzen einfach und schnell zu erstellen. Von wichtigen Kreuzungsbereichen, Einmündungen und Unfallbrennpunkten wurden als Grundlage in vielen Behörden sogenannte „Mutterskizzen" digital erstellt, die für die Anwender auf dem Behördenserver bereitgehalten werden.

Bauzeichnungen und Messtischblätter der Versessung- und Katasterämter können problemlos in die Anwednung eingearbeitet werden.

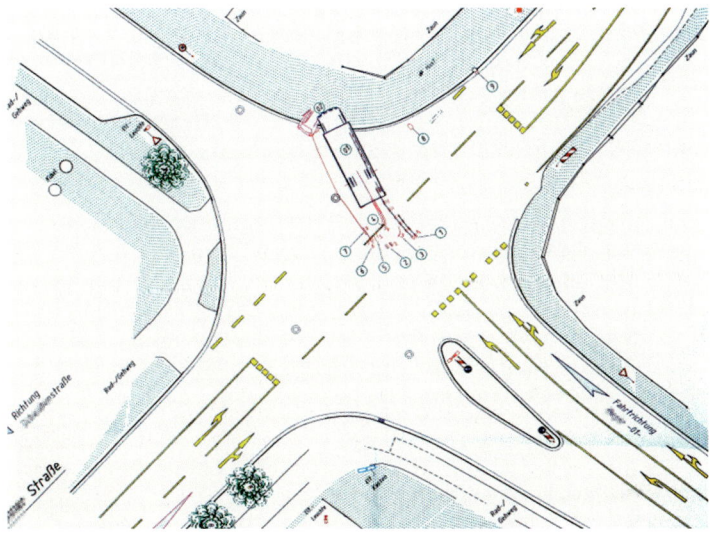

Abb. 29 und 30: Skizzen MS Visio[70]

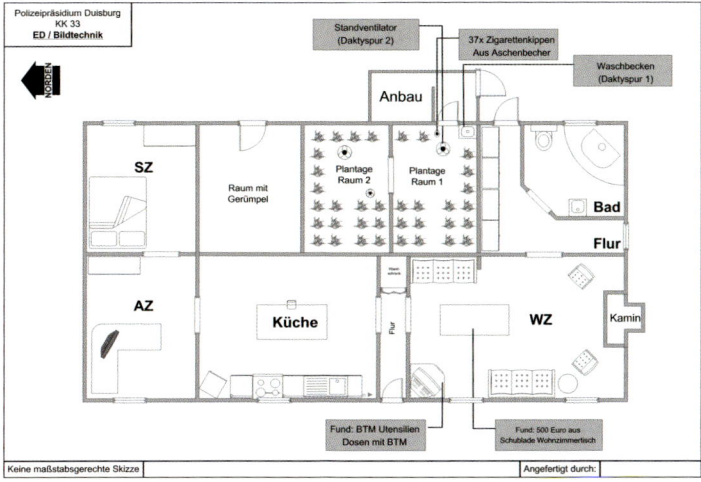

---

69 Übersetzung: englisch „shape": deutsch „Form".
70 Quelle: PP Duisburg.

3.1.2 Lichtbildmappen

Grundsätzlich gilt: „Ein Bild sagt mehr als tausend Worte."[71]

Mit Entwicklung der Kleinbildfotografie in den späten 60er-Jahren wird die polizeiliche Arbeit vermehrt durch die Fertigung von Lichtbildern unterstützt.

Die analoge Spiegelreflexfotografie in Schwarz/Weiß und Color wurde zunächst in ausgesuchten Einsatzbereichen unterstützend eingesetzt und entwickelte sich zum polizeilichen Standard.

Insbesondere die ergänzende Dokumentation zu Tatortbefundberichten, Spurensicherungsberichten und Unfallbefundberichten hat sich seither in der Vorgangsbearbeitung von Polizei und Justiz etabliert. In Hauptverhandlungen wird der Lichtbildmappe heute mehr Aufmerksamkeit zuteil, als dem althergebrachten Tatortbefundbericht. Mittlerweile werden komplette Berichtspassagen durch Lichtbilder ersetzt. Aber auch die reine Spurenfotografie erhielt dort ihre Daseinsberechtigung, wo andere Spurensicherungsmethoden nicht in Betracht kamen. Im Zuge der Jahrtausendwende verdrängte die digitale Fotografie mehr und mehr die bis dahin gültigen fotografischen Standards. Allerdings gestaltete sich deren Etablierung in der Aufgabenbewältigung der Polizei anfangs als schwierig.

Aktuell ist das Digitalfoto aus nahezu keinem Einsatzbereich mehr wegzudenken. Ob Unfall-/Tatortfotografie, Dokumentation, Einsatzvorbereitung, Einsatzbegleitung oder Einsatznachbereitung, Aus- und Fortbildung, Prävention oder Fahndung: Die denkbaren Zielrichtungen der Digitalfotografie sind annähernd unerschöpflich, bedürfen aber im Zeitalter von Datenschutz einerseits und Datenmanipulation andererseits einer sensiblen Betrachtung in Bezug auf Nutzen und Gefahren im täglichen Umgang, insbesondere bei der Verwendung in Straf-/Ermittlungsverfahren.

Zulässigkeit digitaler Lichtbilder im Strafverfahren
Rechtliche Einordnung

Digitale Bilddaten sind meist personenbezogene Daten und unterliegen folglich den einschlägigen datenschutzrechtlichen Bestimmungen, in Abhängigkeit vom Zweck der Nutzung.

Weitgehend Einigkeit besteht in der juristischen Literatur dahingehend, dass Lichtbildern in Gerichtsverfahren sowohl eine unterstützende Funktion als Beweishilfsmittel zukommen kann, beispielsweise zur Unterstützung einer Zeugenaussage oder eines Gutachtens, als auch Beweismittelqualität als Augenscheinsbeweis, wenn die zu beweisenden Tatsachen sich ausschließlich aus dem Inhalt des Fotos ergeben, wie z.B. eine lediglich fotografisch gesicherte Fingerspur.

In jedem Fall kann Lichtbildern somit erhebliches Gewicht durch unmittelbare Einbeziehung in gerichtliche Entscheidungsprozesse zukommen.[72]

Folglich entscheidet das jeweilige Gericht nach dem Grundsatz der freien Beweiswürdigung[73] im Einzelfall über die Zulässigkeit von Lichtbildern als Beweismittel, u.a. auf Grundlage der Beurteilung ihrer Zuverlässigkeit.[74]

---

[71] Fred, R. Barnard in „Printers' Ink" 06.12.1921.
[72] Rahmenrichtlinie „Digitale Bildaufnahme und Übertragung", Herausgeber: gleichnamige Projektgruppe im Auftrag des AK II der Innenministerkonferenz, aktuelle Version vom 03.08.2005.
[73] § 261 StPO, § 286 Abs. 1 ZPO, 108 Abs. 1 Satz 1 VwGO.
[74] § 244 Abs. 3 StPO.

Diese gilt als unbestritten, wenn keine Zweifel an der detailgetreuen Fixierung und der objektiven Wiedergabe vergangener Begebenheiten bestehen [75] bzw. an der Wiedergabe einer Szene, wie sie mit dem menschlichen Auge zum Zeitpunkt der Aufnahme gesehen wurde, direkt oder unter Zuhilfenahme technischer Hilfsmittel. [76]

Damit wäre der Beweiswert im Einzelfall gefährdet, wenn die dem Foto eigene Objektivität und Vergangenheitsbezogenheit angezweifelt werden kann (Fälschung, Manipulation). [77]

Abb. 31: Original

Abb. 32: Manipulation

---

75 Rahmenrichtlinie „Digitale Bildaufnahme und Übertragung", a.a.O.
76 Dipl.-Ing. Dietmar Wueller „Richtlinien für die Erstellung und Verwendung elektr. Stehbilder", 2003.
77 Rahmenrichtlinie „Digitale Bildaufnahme und Übertragung", a.a.O.

Anforderungen an polizeiliche Lichtbilder

Die Objektivität eines Bildes wird unterstellt, wenn die Aufnahme unter nachvollziehbaren Umständen zustande gekommen ist (Authentizität des Datenursprungs: Zeit, Ort, Fotograf) und keine inhaltliche Veränderung (Integrität des Datensatzes) der Ursprungsdatei vorgenommen worden ist.[78]

Die subjektive Standortwahl des Fotografen, der Blickwinkel, die Brennweite, Belichtungszeit und Blende sowie die Art der Beleuchtung, allesamt Stilmittel der Fotografie, beeinflussen die Objektivität und damit den Beweiswert in keiner Weise.

Die anschließenden Bildaufbereitungen am Rechner in Form von Nachschärfung, Aufhellen, Kontrastieren, Ausschnittvergrößerung o.Ä. dienen der besseren Visualisierung, haben keine Sinn ändernde Wirkung in Bezug auf den Ursprungsdatensatz und sind somit anerkannte Hilfsmittel.

Die zum Endergebnis, welches sich für den Betrachter durchaus deutlich vom Ursprungsbild unterscheiden kann, führenden Arbeitsschritte sind allerdings nachvollziehbar zu dokumentieren.

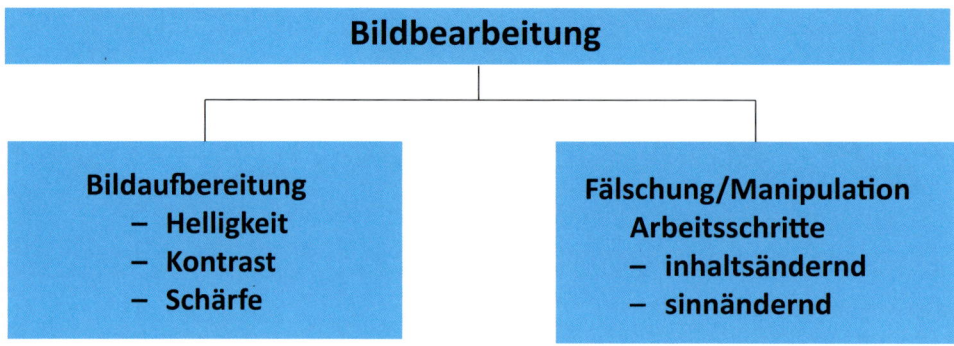

Abb. 33: Arbeitsschritte der Bildaufbereitung sind anerkannte Hilfsmittel, wie auch Kameraeinstellung, Wahl des Bildausschnittes, Objektentfernung, etc.

Authentizität und Integrität des analogen Fotos werden in Bezug auf die analoge Fotografie im Regelfall angenommen, wenn der Weg des Bildes von der Aufnahme bis in den Gerichtssaal nachvollziehbar ist und neben den belichteten Abzügen auch die Negative vorliegen. Der Beweiswert gilt als unbestritten, solange keine gegenteiligen Anhaltspunkte vorliegen. Das Beweismittel Digitalfoto erweist sich zwar nicht schon allein durch die einfacheren Manipulationsmöglichkeiten im Herstellungs- und Verarbeitungsprozess als ungeeignet, erschwert dem Gericht aber dadurch die abschließende Beurteilung der Geeignetheit im Zweifelsfall.

Deshalb muss die Polizei durch geeignete Maßnahmen sicherstellen, dass die Gerichte den Digitalaufnahmen den gleichen Beweiswert beimessen können, wie den analogen Lichtbildern.

Geeignete Maßnahmen, um den „Weg" eines Lichtbildes nachvollziehbar zu dokumentieren und dessen Sinn wahrende Aussage zu belegen, können sowohl technische als auch ablauforganisatorische Sicherungen sein bzw. eine Kombination von beidem.[79]

---

78 Rahmenrichtlinie „Digitale Bildaufnahme und Übertragung", a.a.O.
79 Vgl. Technische IT Konzeption Landrat Neuss, (Schmickler, Brings, Schlotmann) vom 23.12.2006 (über das Intranet der Polizei NRW einzusehen).

Speicherung und Löschung
Digitalaufnahmen unterliegen entsprechend der analogen Lichtbilder Aufbewahrungs- und Löschungsfristen, die sich nach einschlägigen Vorschriften richten und an Sinn und Zweck orientieren oder einfach den Vorschriften über die Verfolgungsverjährung von Delikten. Folglich muss sowohl die sachgerechte Aufbewahrung von digitalen Daten als auch deren fristgerechte Löschung gewährleistet sein.

3.1.3 Vollsphärische Digitalaufnahmen und Dokumentationssoftware

Bei Kapitaldelikten, insbesondere, wenn der Tatort sich auf mehrere Örtlichkeiten erstreckt, wird die Spurenlage schnell unübersichtlich, und es erscheint nahezu aussichtslos, jemandem, der nicht am Originalschauplatz des Geschehens war, anhand von Berichten, Skizzen und Lichtbildern einen realistischen Überblick über die Örtlichkeit zu verschaffen. Spurenakten können leicht mehrere Ordner umfassen.

Die Dokumentation von Spurenlage, Untersuchungen und Auswertungsergebnissen wird aufgrund der Fülle von Informationen mit zunehmender Laufzeit der Ermittlungsgruppe schwieriger.
„Wo genau wurden welche Spuren gesichert?"
„Welche Spuren wurden bereits untersucht?"
„Welche Spuren konnten Berechtigten zugeordnet werden?"
„Welche Spuren konnten noch nicht zugeordnet werden?"

Diese und andere Standardfragestellungen stellen sich regelmäßig schon während der Ermittlungen und müssen spätestens in Hauptverhandlungen schnell und präzise beantwortet werden. Das herkömmliche Aktenstudium gestaltet sich diesbezüglich dann doch aufwendig und oftmals kompliziert.

Eine ebenso anwenderfreundliche wie professionelle Dokumentation solcher komplexer Ereignisse durch Visualisierung der Tatortsituation, Spurensicherung sowie Untersuchungen und Auswertungsergebnisse ermöglicht heute die Kombination aus digitaler Spezialkamera und Dokumentationssoftware.

In einer Reihe von Bundesländern wird zur fotorealistischen Dokumentation von Tat- und Ereignisorten die digitale Spezialkamera „Sphero Cam HDR" eingesetzt. Die Kamera ist in der Lage, von ihrem Stativstandort aus die Umgebung horizontal in 360 Grad und vertikal in 180 Grad zu erfassen und aufzuzeichnen. Sie ermöglicht dem Betrachter einen Rundumblick einschließlich der Umgebung über und unter der Kamera. Einzig das Stativ unmittelbar unter ihr verursacht einen kleinen „toten Winkel".

Die Anzahl der aufgezeichneten Vollsphären richtet sich nach Ausdehnung und Übersichtlichkeit des Tatortes. Das System ermöglicht dem Betrachter, unabhängig von Brennweite und Belichtung, das Ein- und Auszuzoomen sowie den komfortablen Ausgleich von Licht und Schatten. Die Technik „High Dynamik Range (HDR)" kann bis zu 26 Blendenstufen erfassen und gewährleistet, dass der Endanwender selbst stark über- und unterbelichtete Bereiche abdunkeln bzw. aufhellen kann. Darüber hinaus verfügt die Kamera über ein Messsystem, dass allerdings pro Sphäre zwei Aufnahmen aus differierender Höhe erfordert, aufgrund der zweidimensionalen Technik zu Ungenauigkeiten führt und in der Praxis kaum genutzt wird. Für eine genaue und gerichtsverwertbare Tatortvermessung muss auf Photogrammetrieverfahren oder 3-D-Laserscantechnik zurückgegriffen werden (Kapitel 3.2).

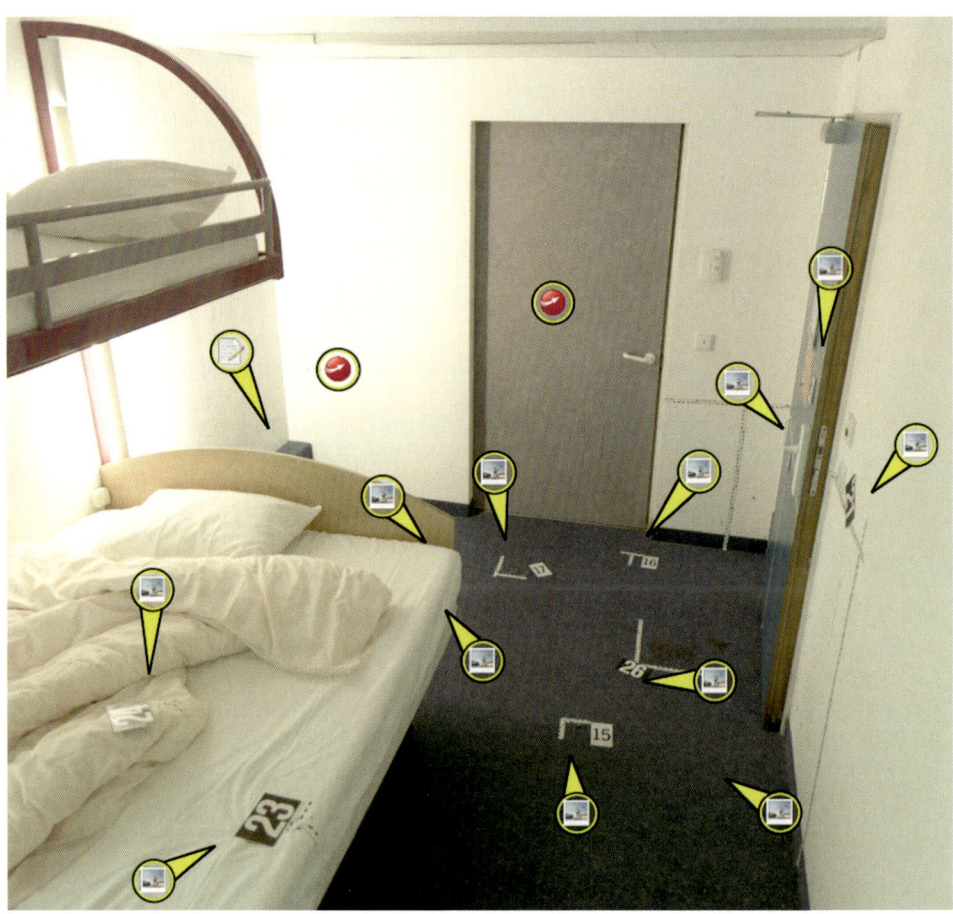

Abb. 34: Tatort mit Vollsphären und visueller Dokumentation [80]

Die Begleitsoftware gestattet es, alle Vollsphären, Skizzen, eigene Digitalaufnahmen, Spuren aller Art und Aufnahmen anderer Medien zu importieren, mit beschreibendem Text zu versehen, untereinander zu verlinken und alle Objekte mit einer Historie zu versehen. Sie ermöglicht eine umfassende realistische Dokumentation durch Visualisierung und erfüllt in Bezug auf den aktuellen Fall nebenbei alle Erfordernisse eines kriminaltechnischen Tagebuches. Die Anwendung ist mit allen Druckfunktionalitäten ausgestattet. Nach Abschluss der Ermittlungen wird der Fall elektronisch abgeschlossen, auf eine DVD gebrannt und kann danach nicht mehr bearbeitet werden. Der Betrachter erhält ausschließlich Leserechte. Der komplette Fall kann auf jedem Rechner, unabhängig von der jeweiligen Zielgruppe, dargestellt werden. [81]

---

80 Quelle: PP Duisburg/KK 33 auf Grundlage Dez. 44.2 LKA NRW.
81 Quelle:http://intrapol.polizei.nrw.de/Kriminalitaet/Ermittlungen/ErmitUnterst/Tatortvermes/Seiten/Visualisierung.aspx (Stand:12.02.2016).

3.1.4 Luftaufnahmen

Zur Dokumentation von Tatorten schwerwiegender Delikte, Orten mit schweren Verkehrsunfällen oder größeren Schadensereignissen bieten sich generell Übersichtsaufnahmen von erhöhten Standorten, wie Gebäuden oder Leiterwagen, an. Stehen diese Hilfsmittel nicht zur Verfügung, sollte die Verhältnismäßigkeit des Einsatzes eines Polizeihubschraubers geprüft werden. Die Anforderung erfolgt in NRW über die Einsatzleitstelle beim Landesamt für Zentrale Polizeitechnische Dienste (LZPD). Der Lichtbildauftrag wird normalerweise in solchen Fällen durch die Piloten erledigt. In Einzelfällen kann aber auch ein Fotograf zusteigen und die Aufnahmen selbst fertigen. Der Einsatz kleiner Flugdrohnen erfreut sich privat immer größerer Beliebtheit und erscheint aus hiesiger Sicht für die Fertigung von Luftaufnahmen durchaus sinnvoll, kostengünstig und verhältnismäßig. Diese Sichtweise hat sich bislang bei der Polizei noch nicht durchgesetzt, Entwicklungspotenzial für die Zukunft besteht hier sicherlich.

Abbildung 35 zeigt die Möglichkeit der Visualisierung von objektiver Tatortsituation und aktuellem Stand der Ermittlungen auf Grundlage einer Luftaufnahme.

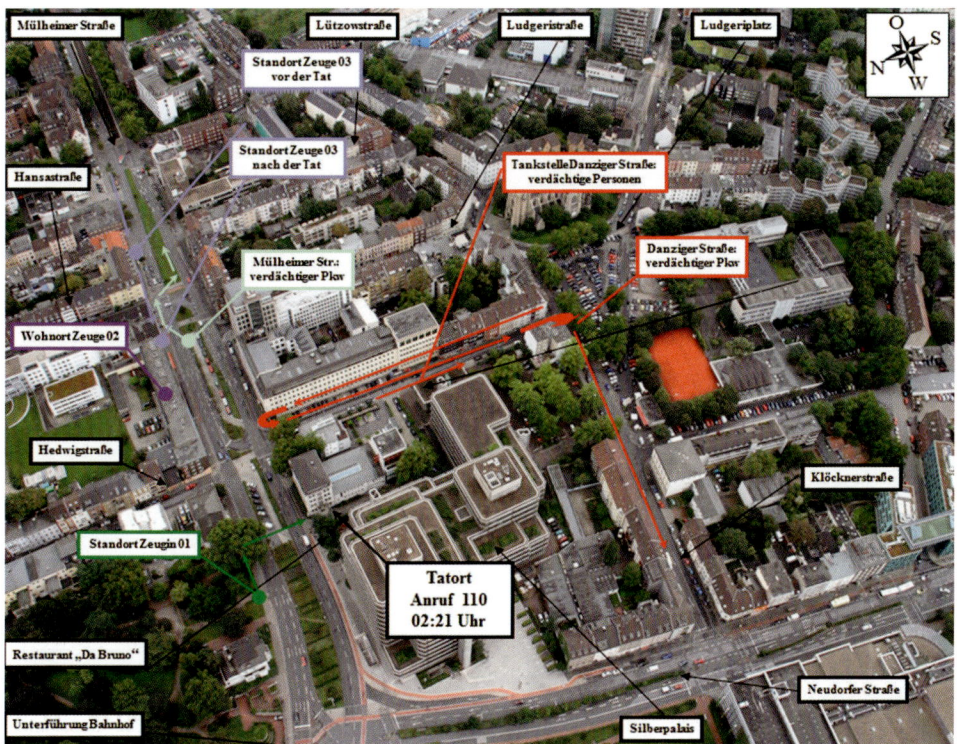

Abb. 35: Luftbilddokumentation [82]

---

[82] Luftaufnahme und Dokumentation PP Duisburg/KK 33, im Jahr 2007.

3.2 Tatortvermessung

Die Vermessung von Tat- und anderen Ereignisorten, das Ausmaß von Schäden und die Ausdehnung von Objekten bilden häufig die Grundlage für Gutachten in Straf- und Zivilverfahren. Die bei der Polizei NRW angewandten Methoden richten sich prinzipiell nach der Schwere des Ereignisses und der Ausdehnung der Örtlichkeit. Während bei Verkehrsunfallorten die Aufnahme mittels eines technischen Verfahrens per Erlass [83] vorgeschrieben ist, existieren solche Vorgaben für kriminalistische Tatorte nicht. Dennoch muss der Einsatz solcher Hilfsmittel insbesondere bei Kapitaldelikten im Einzelfall geprüft werden.

3.2.1 Monobildverfahren NRW

Dieses sogenannte „Einbildmessverfahren" gehört bei der Verkehrsunfallaufnahme in NRW zum Standardrepertoire. Monobild kann leicht erlernt werden, ist ohne technische Spezialausrüstung einsetzbar und bietet sich für ebenerdige Ereignisorte mit einer Ausdehnung von etwa maximal 35 Metern an. Die Örtlichkeit wird mit Hilfe von „Pointern" (stehende Markierungsblechwinkel) in viereckige Messfelder (Referenzvierecke) eingeteilt, jedes für sich in der Regel nicht größer als 5 x 7 Meter, wenn aus Augenhöhe fotografiert werden muss. Es entsteht so über die gesamte Ausdehnung ein Messfeldgitter. Jedes Messfeld wird markiert, vermessen und möglichst von einem erhöhten Standpunkt aus fotografiert. Es gilt die die Regel: Je höher der Standort, desto größer dürfen die Messfelder sein.

Über spezielle Programme werden anschließend die Lichtbilder und die Referenzmaße im Rechner miteinander verknüpft und das noch verzerrte Gesamtbild (Monobild) entzerrt, sodass eine Draufsicht entsteht, die alle Referenzvierecke und Spurenmarkierungen zeigt. In dieser Art „Fotoskizze" können alle abgebildeten Objekte und deren Lage zueinander im Nachhinein konkret vermessen werden, ohne dass diese Maße am Ereignisort erhoben werden mussten.

Dieses Messverfahren eignet sich nicht für geschlossene Räume sowie Örtlichkeiten mit Höhenunterschieden und stößt bei Ausdehnung der Örtlichkeit von mehr als 35 Metern an seine Kapazitätsgrenzen.

Mit zunehmender Ausdehnung erhöht sich die Anzahl der notwendigen Referenzvierecke und Aufnahmen und damit auch die notwendige Rechenleistung des Computers bei Erstellung des Monobildes. Das Monobild ersetzt weder eine möglicherweise notwendig begleitende Skizze zur übersichtlichen Dokumentation noch Detailaufnahmen der Spurenlage.

3.2.2 Photogrammetrieverfahren

Photogrammetrische Messverfahren (Bildmessung) haben sich seit den 90er-Jahren bundesweit unter dem Namen **Rollei-Metric-Verfahren** etabliert und eingeprägt. Allerdings wurde dieses Verfahren in verschiedenen Bundesländern bereits durch modernere Verfahren ersetzt. So hat NRW im Mai 2014 das Rollei-Metric-Verfahren eingestellt und durch ein Verfahren auf Basis der Software „Elcovision" ersetzt. [84]

Photogrammetrische Verfahren messen, im Gegensatz zum Monobildverfahren, im Raum und nicht in der Fläche. Während sich Messungen nach dem Monobildverfahren auf einer gedachten Ebene mit X- und Y-Achse (zweidimensional)

---

[83] „Aufgaben der Polizei bei Verkehrsunfällen", RdErl. des IM NRW – 41 - 61.05.01 - 3 – vom 25.08.2008 (MBl. NRW. S. 470), zuletzt geändert durch RdErl. vom 18.12.2012 (MBl. NRW. S. 742), Ziffer 2.1.4.
[84] Erlass MIK NRW vom 12.05.2014 - AZ. 405-25.09.05.

bewegen, funktionieren Photogrammetrieverfahren dreidimensional, also im gedachten Koordinatenkreuz mit X-, Y- und Z-Achse und können folglich auch die Höhe von Objekten mit einbeziehen. Dieses Verfahren kommt häufig dann zum Einsatz, wenn Monobildmessungen aufgrund von Ausdehnung der Örtlichkeit oder aufgrund von Höhenunterschieden an ihre Grenzen stoßen oder schlichtweg die Voraussetzungen für das Monobildverfahren nicht gegeben sind, weil ein Betreten des engeren Tatortbereiches der Spurenlage nicht zuträglich wäre oder am Unfallort Rettungsmaßnahmen behindert würden.

Grundlagen für diese Technik bilden eine Kamera mit speziellen Messeigenschaften, Vermessungstechnik und Spezialsoftware, beispielsweise zur Erstellung eines entzerrten Messbildes.

Die Messung erfordert auch hier wiederum verschiedene Messpunkte und mindestens eine ausgemessene Strecke. Die Mess- oder Referenzpunkte können durchaus auch etwas außerhalb des relevanten Ereignisortes liegen. Die Referenzpunkte werden häufig in Form von Kreuzen mit Farbspray markiert und eindeutig gekennzeichnet, sodass die Messung selbst nach Abschluss der Tatortarbeit oder Rettungsmaßnahmen erfolgen kann und sich nicht störend bemerkbar macht. Die Aufnahmen werden aus verschiedenen Richtungen gefertigt, generell von einem erhöhten Standort aus, häufig aus der Luft. Auf allen Fotos müssen mehrere gemeinsame Referenzpunkte erkennbar sein, die bei der Rechner basierten Nachbearbeitung miteinander in Bezug gebracht werden. Das Endergebnis kann wahlweise ein beschriftetes Messbild als Draufsicht, die dreidimensionale Darstellung des Tat- oder Unfallortes in Form mehrerer Bilder oder eine dreidimensionale Videoanimation sein. Unabhängig von der Darstellungsform kann jeder visualisierte Punkt in Form einer Koordinate im Raum exakt bestimmt werden. Durch die Möglichkeit, alle Aufnahmen aus der Luft zu fertigen, können Ereignisorte mit Ausmaßen von mehreren hundert Metern, wie sie bei Verkehrsunfällen auf Autobahnen, sonstigen größeren Schadensereignissen oder umfangreichen Kapitaltatorten vorkommen, problemlos erfasst und vermessen werden. Weitere Einsatzmöglichkeiten sind etwa Tätergrößenbestimmungen, Schussrichtungs- und Schussentfernungsrekonstruktionen oder Volumenbestimmungen von Körpern jedweder Größe. Der Service wird in NRW durch das LKA in Düsseldorf, Sachgebiet „Tatortvermessung, visuelle Fahndungshilfe", in Zusammenarbeit mit der Fliegerstaffel gewährleistet.

Die Erstellung der Endprodukte gestaltet sich allerdings, je nach Anforderung, als arbeits- und zeitintensiv. Bild- und Filmmaterial stehen der Ermittlungsbehörde im Regelfall nicht zeitnah zur Verfügung. Sie können somit zwar als Grundlage der Beweisführung im Gerichtsverfahren dienen, stehen aber während der Ermittlungsphase als Grundlage für Ermittlungsansätze oder gar Eingriffsmaßnahmen nicht zur Verfügung.

3.2.3 3-D-Laserscanner

Ergänzend zu den bisher dargestellten Vermessungssystemen werden vermehrt 3-D-Laserscannereinheiten eingesetzt, mit deren Hilfe Örtlichkeiten innen und außen in kurzer Zeit hochpräzise dreidimensional vermessen und visualisiert werden können, auch bei absoluter Dunkelheit. Die Einsatzmöglichkeiten entsprechen im Wesentlichen denen von Photogrammetrieverfahren, die ersten Arbeitsergebnisse hingegen stehen bereits nach dem ersten Scan zur Verfügung. Der Scanner arbeitet nahezu ohne „toten Winkel".

Lediglich die Gehäuseunterseite und die „Schatten" von Objekten oder Erhebungen werden durch einen einzelnen Scan nicht erfasst. Diese Problematik löst man durch Versetzen des Gerätes und ergänzende Scans und zwar so häufig, bis jeder Winkel einer Örtlichkeit von zumindest einem Umlauf erfasst wird. Hohlräume und Objektschatten (Bereiche unter Tischen und Stühlen, Innenräume von kleinen Fahrzeugen, Schränken usw.) können mit Hilfe eines Handscanners ergänzend erfasst werden.

Die Bildverarbeitungssoftware fügt anschließend innerhalb kürzester Zeit alle durch die verschiedenen Scans der gleichen Örtlichkeit erfassten Bildpunkte zu einem räumlichen Modell zusammen. Mehrfach erfasste Punkte werden dabei herausgerechnet. Das Endergebnis liegt in einer sogenannten Punktwolke vor, deren Darstellung einer Schwarz-Weiß-Abbildung gleicht und in einem Format erstellt wird, das auf jedem PC angesehen werden kann. Wahlweise kann eine fotorealistische Darstellung gewählt werden, indem eine in der Scaneinheit integrierte Fotokamera aktiviert wird und parallel zum Scan fotografiert. Eine fotorealistische Darstellung kann anschließend mit Hilfe der Software im Rechner erstellt werden. Die Software ermöglicht es dem Betrachter, innerhalb des dreidimensionalen Modells, jeden beliebigen Blickwinkel einzunehmen und so die Aussagen von Beteiligten und Zeugen zu überprüfen. Erhöhte Blickwinkel können simuliert werden, ohne dass die Scaneinheit dort positioniert war. Jede beliebige Strecke kann im Nachhinein vermessen und die Lage jedes einzelnen Punktes bestimmt werden. Maße, deren Relevanz zum Zeitpunkt der Tatortarbeit noch gar nicht zu beurteilen war, können zu jedem beliebigen Zeitpunkt retrograd erhoben und überprüft werden. Grundlage dazu bildet auch hier wiederum ein hinterlegtes Koordinatensystem mit X-, Y- und Z-Achse. Alle Messdaten stehen bereits unmittelbar nach den Aufnahmen zur Verfügung. Zur visuellen Dokumentation kann auf Basis des gescannten Materials ein Video erstellt werden, das einen virtuellen Flug über und durch den Tat- oder Unfallort gestattet. Zu diesem Zweck wird das Video auf einem Datenträger zusammen mit einem „Viewer", der zur Betrachtung notwendig ist, gespeichert und der Ermittlungsdienststelle so zur Verfügung gestellt. Einmal erfasst, können im Nachhinein unzählige Bedürfnisse hinsichtlich Darstellungsvariationen, Bestätigen oder Widerlegen von Tat- und Ablaufhypothesen, Zielgruppen orientierte Präsentation usw. befriedigt werden.[85]

Die 3-D-Scannertechnik war in NRW allerdings bis 2014 nur beim LKA verfügbar und musste mitsamt Bedienungspersonal angefordert werden. Der zentrale Einsatz von Hard-, Software und Personal bedingt lange Vorlaufzeiten und aufgrund der stetig steigenden Zahl von Anforderungen lange Nachbearbeitungszeiten.

Mittlerweile sind Hard- und Software handlicher, bedienerfreundlicher und durch Konkurrenz am Markt deutlich günstiger, sodass Laserscanner in einigen Kriminalhauptstellen dezentral eingesetzt werden können.

3.3 Allgemeine Grundsätze der Spurensicherung

Neben der Tatortdokumentation, Tatortvermessung und Kennzeichnung von Spuren unterliegt deren Sicherung einer Reihe von allgemeingültigen Grundsätzen, die in den nachfolgenden Kapiteln im Rahmen der Einzelspuren vorausgesetzt werden.

---

85 Vgl. Lorra/Scanner, in: der kriminalist 12/2004, S. 479 – 484.

Jede Spur ist so zu sichern, dass ihre Beweiskraft erhalten bleibt.

Dabei ist von der allgemeinen Beweiskraft auszugehen, nicht vom Beweiswert im konkreten Einzelfall. Die kriminaltechnischen Arbeiten sind so durchzuführen, dass alle Untersuchungsziele, die der in Rede stehenden Spurenart immanent sind, durch die Methodik der Sicherung und Asservierung nicht beeinträchtigt werden.

Folglich hat sich die Sicherungsart nach der Beweiskraft zu richten und nicht der konkrete Beweiswert nach der Sicherungsmethode.

Grundsätzlich stehen drei generelle Spurensicherungsmethoden zur Verfügung.

Fotografische Sicherung
Die fotografische Spurensicherung ist an dieser Stelle keinesfalls mit der fotografischen Tatortdokumentation zu verwechseln, auch wenn **Übersichtsaufnahmen,** die der Dokumentation dienen, durchaus die Lage der zu sichernden Spuren verdeutlichen und den Beweiswert im Einzelfall, der meist in Art und Lage begründet ist, unterstützen. Die in Kapitel 3.1.2 diskutierte Zulässigkeit digitaler Lichtbilder im Strafverfahren und deren rechtliche Einordnung gilt analog.

Die eigentliche Sicherung erfolgt mit Hilfe von verzerrungsfreien **Detailaufnahmen.**

Die Spur ist mit einem Maßstab zu versehen und senkrecht von oben mit Maßstab möglichst Format füllend zu fotografieren. Störendes Licht, das Schatten wirft, ist zu vermeiden. Nur unter diesen Voraussetzungen kann das Foto Grundlage für eine spätere gutachterliche Auswertung sein. Allerdings gilt der Grundsatz, dass eine dreidimensionale Eindruckspur, wie z.B. eine Schuhspur im Erdreich, die fotografisch gesichert, also auf zwei Dimensionen reduziert wurde, als Grundlage für eine vergleichende Untersuchung ungeeignet ist. Auswertungen hinsichtlich der Gruppenmerkmale (Größe, Hersteller, Typ usw.) hingegen sind möglich.

Sicherung im Original mit Spurenträger
Generell gilt immer noch, dass Spuren vor Ort nach Möglichkeit im Original zu sichern sind.

Allerdings wird in der Praxis von dieser Grundregel oft berechtigterweise abgewichen, sei es, weil der Originalspurenträger nicht transportabel ist, dessen Heraustrennen eine Sachbeschädigung zur Folge hätte, die außer Verhältnis zum Anlass steht, weil die Spur durch den Transport beeinträchtigt würde oder sei es, weil die Übertragung auf einen sogenannten Hilfsspurenträger als sichere Methode anerkannt ist und von den Kräften vor Ort sicher beherrscht wird. Deshalb werden Spurenträger meist nur dann gegenständlich asserviert, wenn die Sicherung auf andere Art und Weise aufgrund der Umstände am Tat-/Fundort, aufgrund fehlender Fachkenntnisse der eingesetzten Kräfte oder aufgrund von nicht vorhandenem geeigneten Spurensicherungsmaterial, nicht fachgerecht durchgeführt werden kann. Im Regelfall erfolgt die Trennung von Spur und Originalspurenträger, wenn nötig mit Hilfe vorheriger Sichtbarmachung latenter Spuren, dann im Labor unter wesentlich besseren Bedingungen durch die kriminaltechnischen Spezialisten der KTU-Stellen, spätestens aber durch die Sachverständigen der Untersuchungsstellen.

Übertragung auf einen Hilfsspurenträger
Gemeint ist die Abnahme von Spuren vom Originalspurenträger auf geeignetes Spurensicherungsmaterial, mit welchem später auch die gutachterliche Auswertung vorgenommen werden kann. Es handelt sich dabei um standardisierte,

anerkannte Sicherungsmethoden, die jeweils speziell für die in Rede stehende Spurenart entwickelt wurden. So werden eingestäubte daktyloskopische Spuren auf Klebefolie, serologische Spuren auf Wattestielträger, Werkzeugspuren auf eine gummiartige Abformmasse und Schuhspuren im Erdreich beispielsweise auf Gips übertragen.

Alle hier angeführten Hilfsspurenträger können ohne weitere mechanische Bearbeitung der Untersuchung zugeführt werden.

Unter Umständen gebietet die Situation am Tatort durchaus eine Kombination verschiedener Sicherungsarten.

Unter keinen Umständen darf ein potenzielles Werkzeug an oder in die Spur gehalten werden, um auszuprobieren, ob es als Spurenverursacher in Betracht kommt oder nicht.

Diese Vorgehensweise kann zu irreparablen Veränderungen der Originalspur führen und würde der Verteidigung eines Angeklagten Argumente liefern, das spätere Untersuchungsergebnis anzuzweifeln.

Sowohl einzelne Spuren, insbesondere aber Spuren und Vergleichsmaterial sowie Spuren und spurenverursachender Gegenstand sind zur Vermeidung von Spurenübertragungen getrennt voneinander zu verpacken.

Dabei muss darauf geachtet werden, dass auch der Spurensicherer Sekundärübertragungen verursachen kann. Deshalb sollen Spuren- und Vergleichsmaterial von Täter und Opfer durch verschiedene Personen asserviert und nach Möglichkeit auf der Dienststelle in getrennten Räumen gelagert werden, vor allem dann, wenn das Material zum Trocknen aus der Verpackung genommen werden muss.

Die Verpackung ist so zu wählen, dass Spurenträger und Spuren nicht beschädigt werden können.

Beispielsweise ist zu berücksichtigen, dass sich in Plastiktüten Staunässe und in der Folge Schimmel bilden können, dass statische Aufladung der Verpackung Spuren zerstören oder verlagern kann oder dass der direkte Kontakt zwischen Verpackungswand und Spurenträger mechanisch zu erheblichen Beeinträchtigungen führen kann.

Alle Spuren und deren Verpackungsmaterial sind unverzüglich eindeutig gegen Verwechselung und Vertauschen zu kennzeichnen.

Die Kennzeichnung und Beschriftung sollte auf Übereinstimmung der Beschreibungen im Tatortbefundbericht und den auf dem visuellen Dokumentationsmaterial gewählten Kennzeichnungen hin überprüft werden.

In umfangreichen Verfahren oder bei Tatorten mit einem hohen Spurenaufkommen bieten sich etablierte Systeme an, bei denen die Herkunft einer Spur/eines Spurenträgers (Asservat) aus der Nummerierung abgeleitet werden kann.

Beispiel:
Tatort im engeren Sinn: Ordnungszahl 1;
Pkw des Tatverdächtigen: Ordnungszahl 2;
Wohnung des Tatverdächtigen: Ordnungszahl 3.

Der Tatort besteht aus drei Räumen. Sie erhalten die Nummern 1.1, 1.2 und 1.3. In Raum Nr. 1.1 stehen zwei Schränke. Sie bekommen die Nummern 1.1.1 und 1.1.2. In Schrank Nr. 1.1.2 wird eine Schusswaffe gefunden. Sie erhält die Nummer 1.1.2.1. Von dieser Schusswaffe werden vier Abriebe zur Sicherung von DNA-fähigem Zellmaterial genommen. Sie tragen die Nummern 1.1.2.1.1 bis 1.1.2.1.4. Mit den Nummerierungen der im Pkw und der Wohnung asservierten Gegenstände und Spuren wird analog verfahren.

So kann der Abrieb 1.2.1.1 beispielsweise als vom Asservat 1.2.1 aus dem Raum mit der Nummer 1.2 aus der Wohnung der Geschädigten stammend zugeordnet werden.

Im Leitsachverhalt hat der Täter offenbar an zwei Örtlichkeiten gehandelt:
1. Im Zimmer des elfjährigen Bruders des Opfers,
2. Im Hausflur (Sicherungskasten und Wohnungstür).

Entsprechend bietet sich folgende Kennzeichnung der Asservate an:

1	*Tatort*
1.1	*Hausflur*
1.1.1	*Sicherungskasten im Hausflur*
1.1.1.1	*Hebelspuren am Sicherungskasten*
1.1.1.2	*Abriebe am Sicherungskasten*
1.1.2	*Wohnungstür*
1.1.2.1	*an der Wohnungstür gesicherte daktyloskopische Spuren*
1.1.2.2	*an der Wohnungstür gesicherte Ohrabdruckspuren*
1.2	*Zimmer des elfjährigen Bruders*
1.2.1	*1 Ausbeinmesser auf dem Fußboden des Tatzimmers*
1.2.1.1	*1 Abrieb der Blutanhaftungen am Messer (im Labor gesicherte Spur)*
1.2.2	*1 Damenslip vor der Jugendliege*
1.2.3	*1 Päckchen Präservative vor der Jugendliege*
1.2.4	*1 schwarzes Smartphone der Marke HTC unter der Jugendliege*
1.2.4.1	*1 Abrieb vom Smartphone (im Labor gesicherte Spur)*
2	*Wohnung des Beschuldigten Horst Seemann*
2.1	*Flur*
2.1.1	*Flurkommode*
2.1.1.1	*1 Selbstladepistole Walther PPK*
2.1.1.2	*1 schwarze Skimaske*
2.1.1.3	*1 Schraubendreher (gelber Griff)*
2.1.1.4	*1 Schraubendreher (roter Griff)*
2.1.1.5	*1 Polygripzange*

Die Nummerierung kann jederzeit durch weitere Asservate, z.B. Spuren, die im Nachhinein noch im Labor der KTU gesichert werden, ergänzt werden.

Hinweis:
Gesicherte Spuren werden ebenfalls als Asservate betrachtet.

Alle Asservate werden in einer Asservatenliste zusammengefasst.

Grundlagen der Spurensicherung

KTU.-Nr. 1122/15	Delikt IGVP-Nr. Tötungsdelikt 501000-123456-14/6		Geschädigt Kraus, Mareike	Beschuldigt A.B. 1991 m. deutsch		Stand 11.05.2015
Nummer	Anzahl, Inhalt und Herkunft der(s) Asservate(s) !!! wenn möglich, auf 40 Zeichen beschränken !!!	Datum der Sicherung	Bemerkungen	Sicherung durch (Name/DSt)	Verbleib des Asservates	Ergebnis
1.	Komplex 1: Tatortwohnung					
1.1.1	1 schwarzes Portemonnaie mit div. Papieren (Raum 1)	29.04.2015		Testmann/KK 33	KK 11	
1.1.2	1 Schlüsselbund (Tatortwohnung) mit 5 Schlüsseln, VW-Schlüssel (Raum 1)	29.04.2015		Testmann/KK 33	KK 11	
1.1.3	1 Schlüsselbund mit 2 Schlüsseln und "I love Ethiopia" (Raum 1)	29.04.2015		Testmann/KK 33	KK 11	
1.1.4	1 schwarzes Samsung Galaxy S4 (Raum 1)	29.04.2015		Testmann/KK 33	KK 11	
1.1.5	1 weißes Apple iPhone 5s (Raum 1)	29.04.2015		Testmann/KK 33	KK 11	
1.1.6	1 schwarzes Handy der Marke Sony (Raum 1)	29.04.2015		Testmann/KK 33	KK 11	
1.1.7	1 silbernes Apple MacBook (Raum 1)	29.04.2015		Testmann/KK 33	KK 11	
1.2.1	1 silbernes Handy der Marke Motorola (Raum 2, Kleiderschrank Mitte, Schubladen)	29.04.2015		Testmann/KK 33	KK 11	
1.2.2	1 schwarzes Handy der Marke Samsung (Raum 2, Kleiderschrank mitte, Schubladen)	29.04.2015		Testmann/KK 33	KK 11	
1.2.3	1 orangefarbene Digitalkamera der Marke Panasonic (Raum 2, Kleiderschrank Mitte, Schubladen)	29.04.2015		Testmann/KK 33	KK 11	
1.2.4	1 silberne Digitalkamera der Marke Canon (Raum 2, Kleiderschrank mitte, Schubladen)	29.04.2015		Testmann/KK 33	KK 11	
2.	Komplex 2: Leichenfundort					
2.1	1 Handschaufel (rot / gelber Stecksystemgriff)	29.04.2015		Testmann/KK 33	KK 11	
2.2	1 goldfarbener, metallener Schraubverschluss	29.04.2015		Testmann/KK 33	KK 11	
2.3	1 im Erdreich aufgefundener Fingernagel	29.04.2015		Testmann/KK 33	KK 11	
2.4	BH (Leichenfundort am Leichnam)	29.04.2015		Testmann/KK 33	KK 11	
2.5	Haftcremetube	29.04.2015		Testmann/KK 33	KK 11	
2.6	geflochtenes Drahtseil	29.04.2015		Testmann/KK 33	KK 11	
2.7	Erdprobe direkt vom Rand der asphaltierten Straße "Eichenwäldchen"	29.04.2015		Testmann/KK 33	KK 11	
2.8	Erdprobe ca. 2 Meter neben dem Rand der asphaltierten Straße "Eichenwäldchen"	29.04.2015		Testmann/KK 33	KK 11	
2.9	Erdprobe vom unmittelbaren Leichenfundort	29.04.2015		Testmann/KK 33	KK 11	
2.10	Erdprobe vom unmittelbaren Leichenfundort	29.04.2015		Testmann/KK 33	KK 11	
2.11	Erdprobe vom unmittelbaren Leichenfundort	29.04.2015		Testmann/KK 33	KK 11	
3.	Komplex 3: Obduktion					
3.1	Kopfumwicklung des Leichnams (Klebeband etc.)	30.04.2015		Testmann/KK 33	KK 11	
3.2	Unterhose der Toten	30.04.2015		Testmann/KK 33	KK 11	
3.3	2 Fingernägel der rechten Hand	30.04.2015		Testmann/KK 33	KK 11	
3.4	Haargummi der Toten	30.04.2015		Testmann/KK 33	KK 11	
3.5	2 Abriebe Make Up	30.04.2015		Testmann/KK 33	KK 11	
3.6	1 Abrieb Hals	30.04.2015		Testmann/KK 33	KK 11	
3.7	1 Abrieb Hals	30.04.2015		Testmann/KK 33	KK 11	

Abb. 36 : Asservatenliste [86]

Auf Grundlage der Asservatenliste können Aufkleber und Umschläge zur eindeutigen Beschriftung der Asservate gedruckt werden (Abb. 37).

PP Duisburg	
sachbearbeitende Dienststelle:	PP Duisburg/ KK 11
IGVP-Vorgangs-Nr.:	501000-123456-14/6
KTU-Nr.:	
(ggf) Ass.-Nr.:	1.1.5
Untersuchungsmaterial	
Anzahl, Inhalt und Herkunft:	1 weißes Apple iPhone 5s (Raum 1)
Datum der Sicherung:	29.04.2015
Sicherung durch: (Name, Dienststelle)	Testmann/KK 33

Abb. 37: Asservatenbeschriftung [87]

---

[86] Beispiel für eine Asservatenliste. Alle Vorgangsdaten sind frei erfunden.
[87] Beispiel für die Beschriftung eines Asservates.

Gekennzeichnet wird lediglich das Verpackungsmaterial. Die direkte Beschriftung von DNA-Spurenträgern kann eine Kontamination mit der DNA des Spurensicherers zur Folge haben oder die direkte Verwendung eines beschrifteten Aufklebers auf einem daktyloskopischen Spurenträger die latent vorhandene Spur zerstören.

Sämtliches Untersuchungsmaterial ist gegen Umwelteinflüsse, wie Feuchtigkeit, Hitze, Sonneneinstrahlung und Ähnliches zu schützen. Feuchtes Material ist schnellstmöglich bei Raumtemperatur zu trocknen.

Die spezifischen Spurensicherungsmethoden richten sich nach der jeweiligen Spurenart und werden im Zusammenhang mit den Einzelspuren behandelt.

4 Einzelspuren

4.1 Menschliche Ab- und Eindruckspuren

4.1.1 Daktyloskopie

4.1.1.1 Allgemeines

Die Daktyloskopie (griechisch = Finger schauen) dient einerseits der **Feststellung von Spurenverursachern** und andererseits der **Identifizierung von Personen** anhand von individuellen Merkmalen der Handinnen- und Fußunterseiten, den **Papillarleisten.**

Diese Hautleisten sind von unzähligen, dicht aneinander gereihten, Schweißdrüsenöffnungen durchzogen, durch die der produzierte Schweiß nach außen abgeführt wird.

Die Papillarleisten, auch Papillarlinien genannt, hinterlassen beim Greifen entweder den körpereigenen Schweiß oder andere von außen aufgenommene Substanzen (Blut, Farbe, Ruß, Wasser ...) und stellen sich somit als Abdrücke dar oder verursachen durch Griff in ein weiches Medium (Knete, Wachs, Staub ...) Vertiefungen und werden folglich als Eindrücke klassifiziert. Auf gleiche Art und Weise entstehen Ab- und Eindrücke von Fußsohlen, die allerdings in der polizeilichen Praxis kaum von Bedeutung sind, da die Fortbewegung mit unbekleideten Füßen in der Öffentlichkeit eher die Ausnahme darstellt.

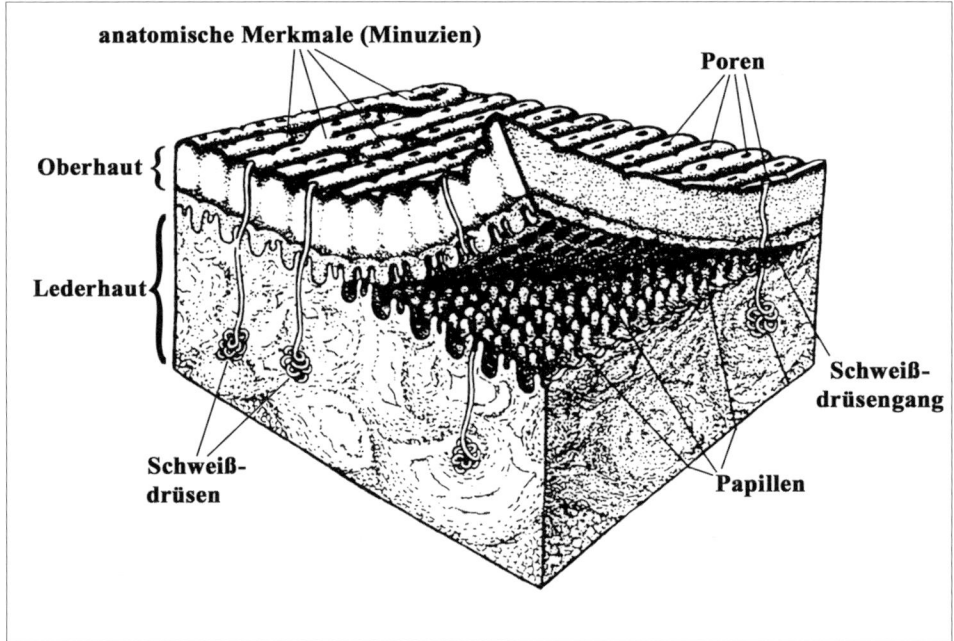

Abb. 88. Querschnitt durch die menschliche Haut eines Fingers [88]

---

[88] Quelle: PP Essen/KK 43.1 – Daktyloskopie, Nachrichtensammelstelle Essen 1992.

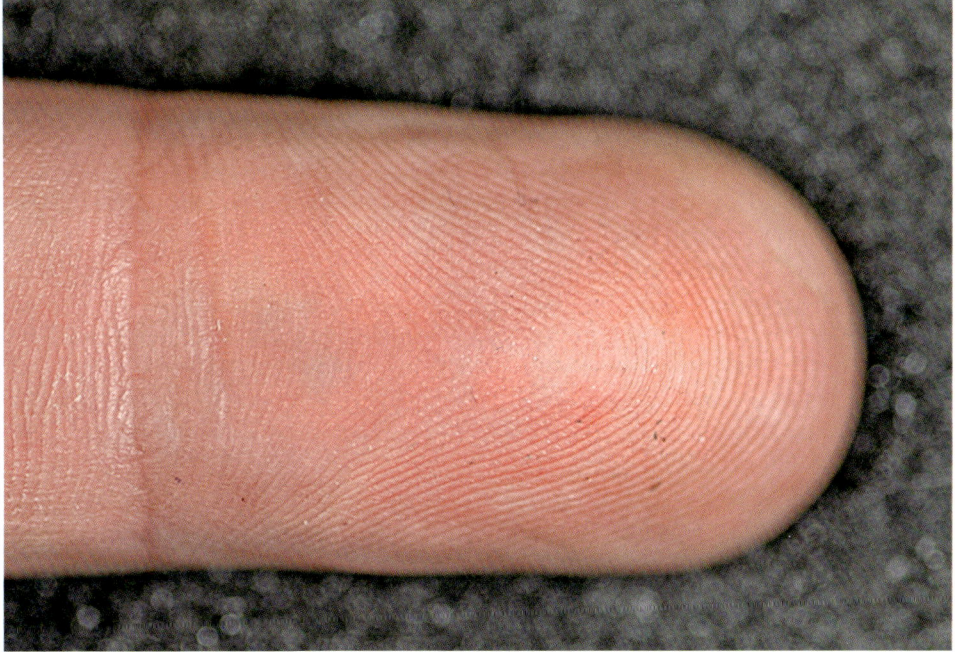

Abb. 39: Finger mit deutlich sichtbaren Papillarlinien

4.1.1.2 Grundsätze der Daktyloskopie

Die Daktyloskopie beruht auf den Grundsätzen **Einmaligkeit, Unveränderlichkeit** und **Klassifizierbarkeit**.

Der Grundsatz der **Einmaligkeit** beruht auf der Theorie, dass sich in der Natur nichts wiederholt. Diese biostatistisch und mit Hilfe von Forschungsreihen untermauerte, bisher nicht widerlegte Annahme, besagt, dass sich die Papillarleistenbilder aller Finger eines Menschen voneinander unterscheiden und es keine zwei Menschen gibt, bei denen sie identisch sind. Ihre Form ist nicht vererbbar und differiert selbst bei eineiigen Mehrlingen.

Die Papillarlinien bleiben in Form und Lage zueinander vom Embryonalstadium bis zur Auflösung des Körpers **unveränderlich**. Wachstum und Alterung bewirken lediglich eine proportionale Anpassung. Veränderungen der Papillarleistenbilder sind regelmäßig auf thermische, mechanische oder chemische Einflüsse von außen zurückzuführen bzw. die Folge von spezifischen Krankheiten.

Daktyloskopische Spuren und Fingerabdrücke sind **klassifizierbar**. Sie lassen sich in insgesamt drei **Grundmuster** sowie mehr als 25 **Mustereigenarten (Untermuster)** einteilen und somit recherchefähig archivieren und speichern.

4.1.1.3 Feststellung von Spurenverursachern

Grundlage für die Feststellung von Spurenverursachern (Spurenlegern) bildet das Vorliegen einer daktyloskopischen Spur, deren Qualität den Kriterien für eine Auswertung genügen muss. Die heute gültigen Richtlinien in Bezug auf ihre **Brauchbarkeit** beruhen auf der Empfehlung „Standard des daktyloskopischen

Identitätsnachweises" vom 30. Juni 2010, erarbeitet durch eine eigens zu diesem Zweck eingesetzte Projektgruppe unter der Leitung des BKA.[89] Generell gilt, dass sich eine Spur für einen Vergleich eignet, wenn 12 anatomische Merkmale erkennbar sind.

Eine Person ist grundsätzlich eindeutig als Spurenverursacher identifiziert,
- wenn in Spur und Vergleichsmaterial der Person der „**allgemeine Papillarlinienverlauf und 12 anatomische Merkmale in Form und Lage zueinander übereinstimmen**".

oder

- wenn im Untersuchungsmaterial weniger als 12 anatomische Merkmale erkennbar sind (in der Regel im Spurenmaterial[90]) aber „**weitere die Individualität begründende, übereinstimmende Informationen vorliegen**"[91].

Folglich kann, unter den Voraussetzungen der zweiten Alternative, Spurenmaterial auch dann für einen Vergleich geeignet sein, wenn weniger als 12 Minuzien auszählbar sind.

Zum **allgemeinen Papillarlinienverlauf** gehört beispielsweise die Übereinstimmung von **Grundmustern** und **Mustereigenarten**. Die Daktyloskopie unterscheidet aktuell drei Grundmuster: **Schleifenmuster, Wirbelmuster** und **Bogenmuster**. Die Abbildungen 40 bis 47 zeigen die drei Grundmuster sowie jeweils exemplarisch dargestellte Mustereigenarten.

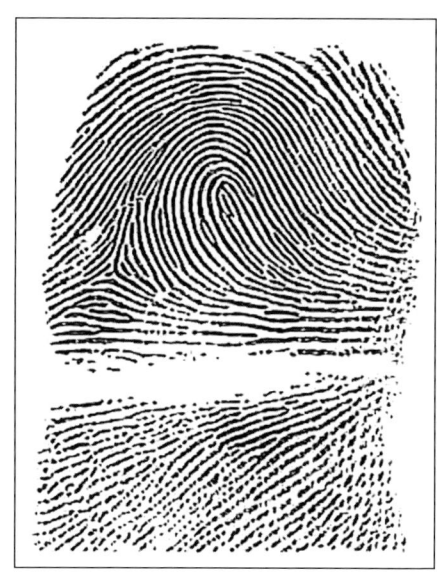

Abb. 40: Schleifenmuster *Abb. 41 Schleifenmuster*

---

89 BKA, Referat KI 32, Standard des daktyloskopischen Identitätsnachweises.
90 Anmerkung des Verfassers.
91 Standard des daktyloskopischen Identitätsnachweises, a.a.O.

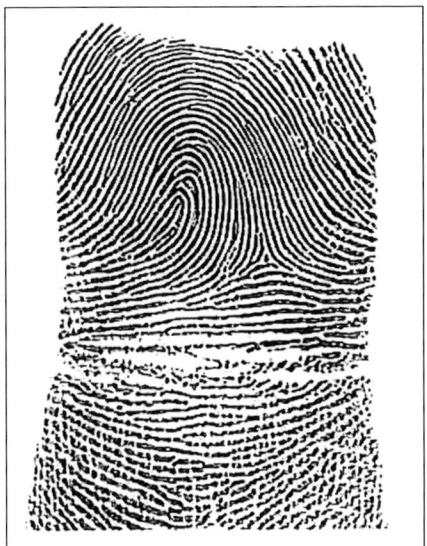

Abb. 42: Schleifenmuster

Abb. 43 Wirbelmuster

Abb. 44: Wirbelmuster

Abb. 45: Wirbelmuster

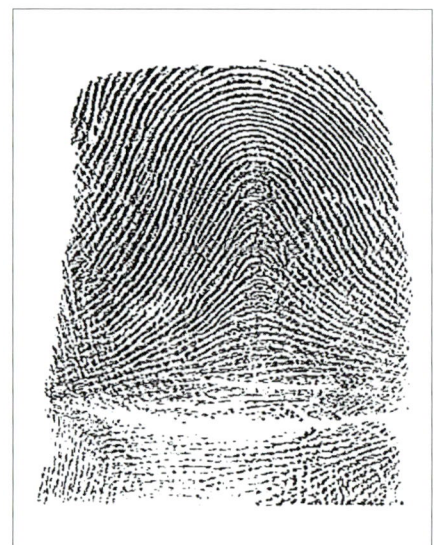

Abb. 46: Bogenmuster *Abb. 47: Bogenmuster*

Das Grundmuster kommt zur Abbildung, wenn der innerste Bereich eines Fingerabdruckes (innerer Terminus) sowie das dazugehörige Delta (äußerer Terminus) bzw. die dazugehörigen Deltas eindeutig bestimmbar sind (vgl. Abb. 48).

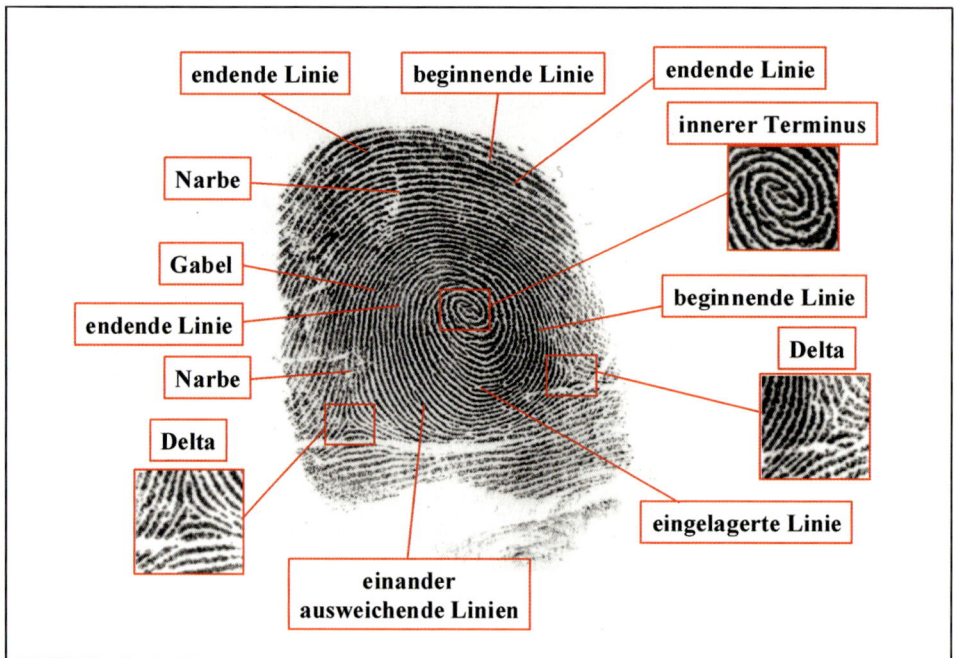

Abb. 48: Grundmusterelemente und ausgesuchte Minuzien

Die Grundmusterbestimmung stützt sich dabei auf die Gesetzmäßigkeit, dass **Schleifenmuster ein Delta, Wirbelmuster zwei Deltas** und **Bogenmuster kein Delta** besitzen. Soweit also bei Schleifenmustern der innere Terminus und ein Delta, bei Wirbelmustern der innere Terminus und beide Deltas und bei Bogenmustern lediglich der innere Terminus erkennbar sind, kann das jeweilige Grundmuster bestimmt werden.

Weitere augenfällige Strukturen, wie Falten, Furchen und Narben (vgl. Abb. 48) können zur Identifizierung herangezogen werden.

Die Empfehlung der Projektgruppe reduziert die daktyloskopische Identifizierung eben nicht auf das Zählen von übereinstimmenden anatomischen Merkmalen, sondern verbindet zwei unterschiedliche Identifizierungsphilosophien miteinander, den numerischen und nicht-numerischen Standard [92] und stärkt die Entscheidungsfreiheit der Sachverständigen im Hinblick auf ihre Entscheidungsfindung. Sie löst damit eine entsprechende Empfehlung an die Sachverständigen für Daktyloskopie vom 01.08.1980 ab, die beispielsweise den bis dato gültigen Grundsatz von acht notwendigen Minuzien für eine Identifizierung formulierte, wenn das Grundmuster identifizierbar war.

Die Übereinkunft hinsichtlich der Brauchbarkeit daktyloskopischer Spuren und des Identitätsnachweises in Bezug auf das zu untersuchende Material gilt weder europa- noch weltweit. Selbst in unseren Nachbarländern gelten zum Teil erheblich abweichende Grundsätze. So werden in Frankreich unabhängig vom übereinstimmenden Papillarlinienverlauf siebzehn anatomische Merkmale benötigt.

Spurenart
Daktyloskopische Spuren haben, soweit sie nicht als Trugspuren zu werten sind, Bedeutung als Situations- und Formspuren und liegen regelmäßig als Ab- oder Eindruckspuren vor.

Sie können durchaus Träger von Substanzen sein (Blut, Hautzellen, Farbe ...), die ihrerseits als Situations- und Materialspuren bedeutsam sein können.

Allgemeine Beweiskraft
Brauchbare daktyloskopische Spuren können eindeutig einer bestimmten Person als Spuren verursachend zugeordnet werden. Sie beweisen zunächst allgemein, dass diese Person einen relevanten Spurenträger zu einem über die Spuren im Regelfall nicht näher bestimmbaren Zeitpunkt angefasst hat. Insofern ist die Daktyloskopie die klassische Vertreterin des **Individualbeweises**[93]. Soweit Spuren sich im Abgleich nicht den in Rede stehenden Personen zuordnen lassen, sind diese als Spurenleger **auszuschließen**. Über den **Sammlungsvergleich mit dem Automatisierten Fingerabdruck-Identifizierungssystem (AFIS)** bietet sich die Möglichkeit der rechnergestützten Recherche in einem Pool von bereits erfassten Personen. AFIS bietet grundsätzlich die Möglichkeit, Spuren untereinander auf Tatzusammenhänge hin zu überprüfen. Allerdings erfolgt dieser Abgleich aufgrund des hohen Rechenaufwandes im Verhältnis zu den erwartenden Ergebnissen nicht routinemäßig, sondern nur auf Antragstellung.[94]

---

92 Standard des daktyloskopischen Identitätsnachweises, a.a.O.
93 Vgl. Urteil des Bundesgerichtshofes vom 11.06.1952, 3 StR 229/52.
94 Siehe auch weiter unten in diesem Kapitel „Spurenauswertung".

Konkreter Beweiswert im zugrunde liegenden Sachverhalt

Die Tatausführung im Leitsachverhalt lässt erwarten, dass der Täter vor, während und nach der Tat daktyloskopische Spuren hinterlassen hat. Relevant sind alle Gegenstände, die er angefasst hat, soweit sie sich als daktyloskopische Spurenträger eignen, insbesondere der Sicherungskasten im Hausflur, die Tür zur Wohnung der Geschädigten sowie die durch den Täter hinterlassenen Präservative, die Tatwaffe und das Mobiltelefon. Der Beweiswert hinsichtlich des hier in Rede stehenden Deliktes hängt zunächst wesentlich von der Lage der gesicherten Finger- und Handflächenspuren ab und davon, ob der Spurenleger sie auch als Berechtigter hat legen können. Dabei kommt es nicht auf die Wahrscheinlichkeit an, sondern auf die tatsächliche Möglichkeit, so unwahrscheinlich sie auch erscheinen mag. Sobald es eine solche Möglichkeit gibt, greift der Grundsatz „in dubio pro reo"[95]. Daktyloskopische Spuren am Sicherungskasten und dem äußeren Türblatt der Wohnungstür lassen sich leicht erklären, da durchaus eine Reihe von Personen berechtigterweise Zugang zum Hausflur haben.

Spuren am Messer, an der Packung Präservative und/oder dem Mobiltelefon erhalten dadurch Tatrelevanz, dass der Täter diese Gegenstände bei Tatausführung hinterlassen hat. Allerdings muss berücksichtigt werden, dass auch bei diesen Gegenständen der Spurenleger nicht zwingend Täter sein muss. Alle tatrelevanten Spuren können durch andere Personen im Vorfeld der Tat durchaus berechtigt gelegt worden sein. Beispiele: Verkäufer der Präservative, Vorbesitzer des Mobiltelefons. Dennoch ergeben sich durch die Identifizierung von Spurenlegern, die für die Tatausführung nicht in Betracht kommen, regelmäßig neue Ermittlungsansätze.

Der Beweiswert im Hinblick auf die Täterschaft steigt um ein Vielfaches, wenn sich auf mehreren der vom Täter zurückgelassenen Gegenstände Spuren derselben Person finden lassen. Spuren an sonstigen Gegenständen innerhalb der Wohnung der Geschädigten können nur in Zusammenhang mit der Tat gelegt worden sein, wenn der Spurenleger sich nachweislich niemals berechtigterweise in der Wohnung aufhalten durfte.

Spurensuche

Die Spurensicherung setzt zunächst einmal eine gründliche **Spurensuche** voraus, die sich in der Regel einer Kombination aus heuristischen und systematischen Methoden bedient. Daktyloskopische Spuren liegen häufig latent vor und bedürfen der **Sichtbarmachung** mit Hilfe von physikalischen oder chemischen Hilfsmitteln. Diese Hilfsmittel reagieren entweder auf die spezifischen Eigenschaften des Spurenträgers oder auf die Inhaltsstoffe der Spur selbst. Die als Abdruck vorliegende daktyloskopische Spur wird, sofern sie nicht mit externen Substanzen (Blut, Farbe, Staub etc.) gelegt worden ist, durch Absonderung von Schweiß verursacht. Der menschliche Schweiß besteht bis zu 99 % aus Wasser, darüber hinaus unter anderem aus Fett, Salzen und Aminosäuren. Welches Mittel zur Sichtbarmachung zum Einsatz kommt, hängt unter anderem wesentlich von der Beschaffenheit des Spurenträgers (saugende oder nicht saugende Oberflächen), dessen Material (Papier, Metall, Kunststoff) und verschiedenen Umständen des Einzelfalles (Wert, Transportmöglichkeit, Witterung, Verfügbarkeit von Materialien) ab.

---

95 Lateinisch: „Im Zweifel für den Angeklagten."

Sogenannte **optische Verfahren**[96] (Lichtquellen aller Art) haben den Vorteil der kontaktlosen Visualisierung, sodass die Spuren, insbesondere auch durch die anschließende fotografische Sicherung, nicht beeinträchtigt werden, weder in ihrer Qualität noch ihrer Eignung in Bezug auf andere Spurenarten, insbesondere DNA-Spuren.

Pulverförmige Stäube **(Adhäsionsmittel)**, wie Ruß- und Magnetpulver, sind die am häufigsten eingesetzten Mittel zur Sichtbarmachung daktyloskopischer Spuren, da diese Methode sich in Kombination mit der Sicherung auf Klebefolie für die meisten glatten, nicht saugenden Untergründe eignet und sich in der Handhabung als unproblematisch gestaltet. Die Liste der praktikablen Adhäsionsmittel mit verschiedensten Eigenschaften ist nahezu unerschöpflich. Alle Stäube reagieren mit der Restfeuchtigkeit des Schweißes, sodass ihre Eignung mit zunehmender Spurenaustrocknung abnimmt.[97]

Problematische, nicht saugende Oberflächen werden überwiegend mit **Cyanacrylat** berührungsfrei **bedampft** und gestatten dadurch weitere Behandlungen, wie Einfärben oder Einstäuben sowie Untersuchungen in Bezug auf andere Spurenarten. Die **Cyanacrylatbedampfung** gehört zu den kriminaltechnischen Standardverfahren. Dabei wird Sekundenkleber erhitzt und verdampft, dessen Moleküle sich mit der Restfeuchtigkeit von daktyloskopischen Spuren verbinden. Innerhalb weniger Minuten zeigen sich Papillarlinien und Minuzien in einer weiß-grauen Färbung und lassen sich aufgrund ihrer Saugfähigkeit, wenn nötig, mit Färbemitteln oder Adhäsionsmittel kontrastieren. Auf diese Art und Weise können komplette Räume, wie Fahrzeuginnenräume oder Wohnräume, bedampft werden.

Allerdings ist zu berücksichtigen, dass die bedampften Spurenträger und Räumlichkeiten aufgrund ihrer Kontamination mit der Chemikalie nicht mehr bestimmungsgemäß zu gebrauchen sind. Insofern ist immer eine besondere Anforderung an die Verhältnismäßigkeit zu stellen und eine eventuelle Schadensersatzpflicht der Behörde zu berücksichtigen. Die Cyanacrylatbedampfung führt zu Schleimhautreizungen und setzt bei Erhitzung giftige Dämpfe frei. Transportable Spurenträger sind in einem Spezialschrank mit Abzugseinrichtung zu bearbeiten. Bei der Bedampfung von Räumen ist für eine ausreichende Belüftung im Anschluss an die Bedampfung zu sorgen. Die im Sicherheitsdatenblatt des verwendeten Sekundenklebers empfohlene persönliche Schutzausrüstung (PSA) ist vor Beginn der Untersuchung anzulegen. Dieses Verfahren funktioniert auch ohne Erhitzung des Klebers, dauert so allerdings mehrere Stunden.

Die gängigste Methode der Spurensuche auf Papier, Pappe, Tapeten oder anderen saugenden Oberflächen ist das **Tauchen** oder **Einsprühen mit einer Ninhydrinlösung**. Adhäsions- und Bedampfungsverfahren sind nicht praktikabel, da die Restfeuchtigkeit der Spuren durch den Spurenträger aufgesogen wird. Der Wirkstoff Ninhydrin reagiert mit den im Schweiß vorhandenen Aminosäuren und färbt das Spurenbild in einem Spektrum von hellrosa bis dunkelviolett. Die Spuren entwickeln sich unter dem Einfluss von ca. 65 % Luftfeuchtigkeit bei etwa 23° C in einem Zeitraum von etwa zwei Stunden. Die behandelten Spurenträger dürfen auch nach der Behandlung nicht ohne Handschuhe angefasst werden, weil sich nachträglich aufgebrachte Spuren ebenfalls entwickeln und sich kontaktierte Hautbereiche aufgrund der Eiweißreaktion ebenfalls verfärben. Die

---

96 Siehe auch Kapitel 2.5 „Hilfsmittel der Spurensuche".
97 Hinweise zur Eigensicherung/Arbeitsschutz: siehe Kapitel 2.5 „Hilfsmittel der Spurensuche".

Originalspurenträger werden nach ihrer Trocknung in luftdichte Kunststofftüten eingeschweißt.

Die Trägerstoffe der Ninhydrinlösung (Petroleumbenzin und Ethanol) sind kennzeichnungspflichtige Stoffe im Sinne der Gefahrstoffverordnung[98], besitzen einen niedrigen Flammpunkt, sind folglich leicht entzündlich und in der Lage ein hochexplosives Gas-Luft-Gemisch zu bilden. Nach Trocknung der Spurenträger bilden sich die Gesundheit beeinträchtigende Ninhydrinstäube. Deshalb darf Ninhydrinlösung grundsätzlich nur in kriminaltechnischen Laboren mit speziellen Abzugseinrichtungen und mit persönlicher Schutzausstattung eingesetzt werden. In Ausnahmefällen kann Ninhydrin unter Beachtung der Sicherheitsdatenblätter und ausreichender Belüftung auch direkt am Tatort eingesetzt werden.

Für den Einsatz von kennzeichnungspflichtigen Chemikalien zur Spurensuche sollen im Sinne von Eigensicherung und Arbeitsschutz zeitnah landeseinheitlich geltende Betriebsanweisungen auf Grundlage von Gefährdungsanalysen erstellt werden.

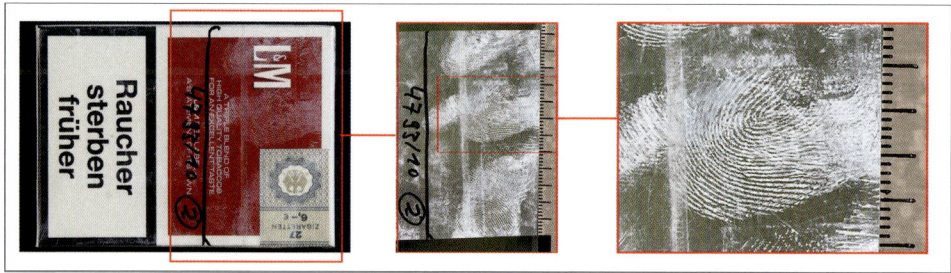

Abb. 49: Cyanacrylatspuren in Übersicht und Detailaufnahmen

Welche Methode zur Spurensuche zum Einsatz kommt, richtet sich einerseits nach der Beschaffenheit des Spurenträgers und andererseits nach Spurenkonkurrenz und Verhältnismäßigkeit. Am Tatort bietet es sich im Zweifelsfall an, an einem gleichartigen Spurenträger, den der oder die Täter nicht angefasst hat/haben, eine Vergleichsspur zu legen und sich zunächst an ihr zu versuchen. Wenn möglich sollte der Rat eines erfahrenen Kriminaltechnikers eingeholt werden. Grundsätzlich sind Methoden zu wählen, die auch bei **Spurenkonkurrenzen** alle Untersuchungsmöglichkeiten offen halten. Spurenkonkurrenzen treten häufig zwischen daktyloskopischen und serologischen Spuren auf, da verschiedene Methoden der daktyloskopischen Spurensuche und -sicherung eine anschließende DNA-Analyse erschweren bzw. unmöglich machen können. Die vorrangige Sicherung von DNA-fähigem Zellmaterial hingegen hat meist die Unmöglichkeit der daktyloskopischen Spurensicherung zur Folge. Bei handschriftlich gefertigten Schriftstücken muss berücksichtigt werden, dass durch das Ninhydrinverfahren im Hinblick auf eine Handschriftenanalyse zumindest verschiedene Parameter nicht mehr untersucht werden können.

Hin und wieder sind daktyloskopische Spuren bereits deutlich zu erkennen, somit erübrigt sich selbstverständlich die der eigentlichen Sicherung vorgelagerte Sichtbarmachung.

---

[98] Verordnung zum Schutz vor Gefahrstoffen (GefStoffV); siehe Fußnote 63.

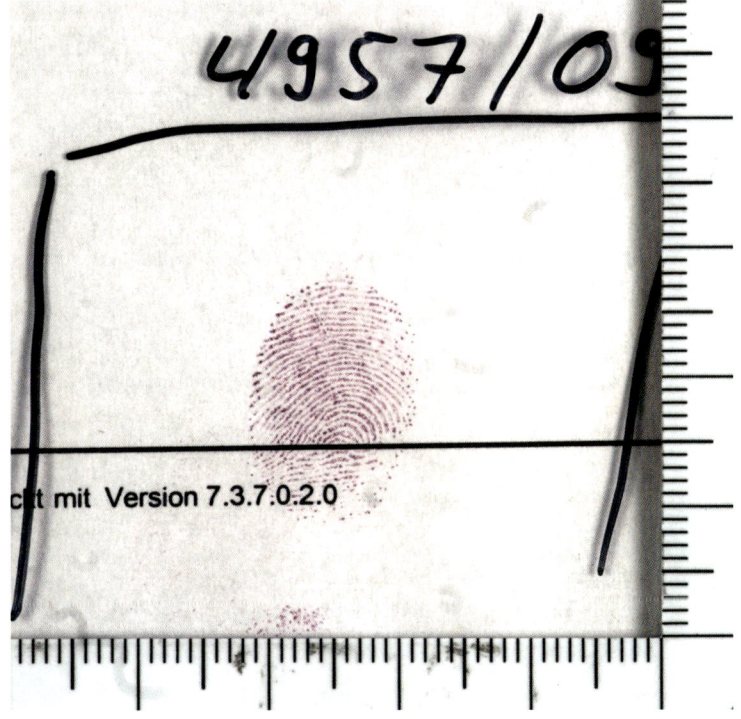

Abb. 50: Ninhydrinspur auf Normalpapier

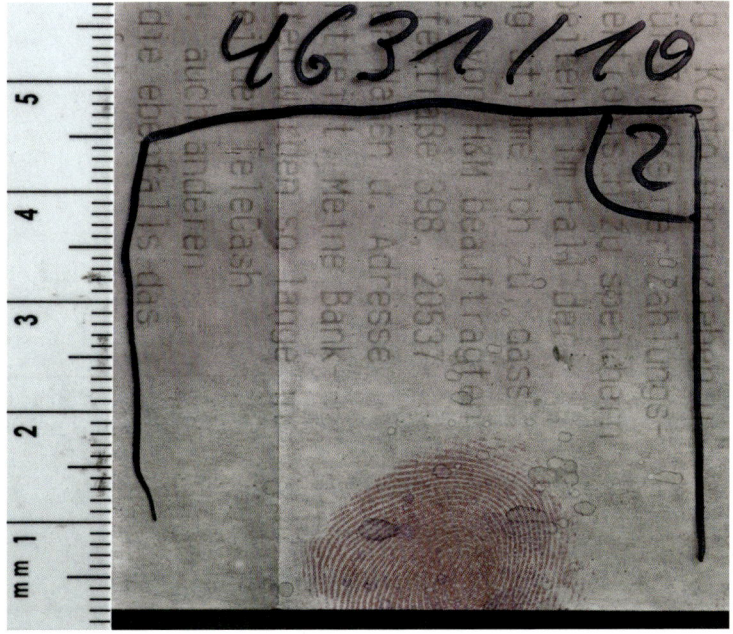

Abb. 51: Ninhydrinspur auf Thermopapier

Spurensicherung und Asservierung

Die Sicherung daktyloskopischer Spuren richtet sich nach der Beschaffenheit von Spur und Spurenträger einerseits sowie der Art der Methode zur Sichtbarmachung anderseits.

Generell gilt, dass sich alle sichtbaren Abdruckspuren mit geeigneter Kamera nach den Grundsätzen der kriminalistischen Fotografie sachgerecht fotografieren lassen, ohne dass die Qualität beeinträchtigt wird.

Allerdings hat sich der Folienabzug mit anschließendem Aufkleben auf eine Spurenkarte in der Praxis als durchaus adäquat erwiesen, wenn zur Sichtbarmachung Adhäsionsmittel zum Einsatz gekommen sind. Der Qualitätsverlust kann in der Regel toleriert werden. Bei Spuren, die sich von vornherein im Grenzbereich der Auswertbarkeit bewegen, kann diese Art der Sicherung jedoch durchaus dazu führen, dass anatomische Merkmale verloren gehen, die für eine Auswertung nötig gewesen wären.

Der Folienabzug kann in Ausnahmefällen auch bei bedampften Spuren und anschließender Einfärbung oder Einstäubung angewandt werden, ist aber nicht das Mittel der Wahl.

Mit optischen und chemischen Mitteln sichtbar gemachte Spuren werden üblicherweise fotografisch gesichert, mit Hilfe von Bildbearbeitungsprogrammen visuell aufgearbeitet und anschließend in hoher Qualität abgespeichert. Anstelle des sonst üblichen Folienabzuges wird nun das digitale Foto zusammen mit einer virtuellen Spurenkarte der Auswertungsstelle (Nachrichtensammelstelle) online zur Verfügung gestellt. Nach deren Bewertung hinsichtlich der Brauchbarkeit erfolgt die digitale Übermittlung an das zuständige LKA zur AFIS-Recherche.

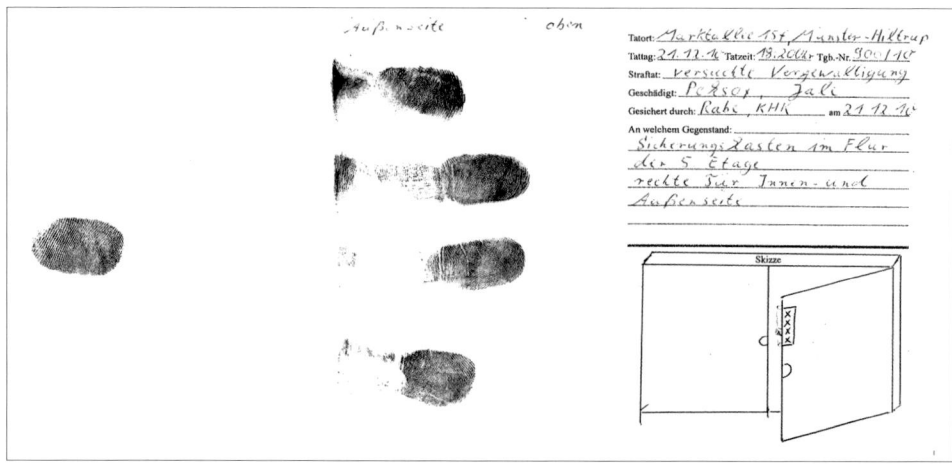

Abb.52: Spurenkarte

Akkreditierung daktyloskopischer Labore

Seit dem 30.11.2015 dürfen zur Sichtbarmachung und Sicherung daktyloskopischer Spuren nur noch geprüfte und akkreditierte (auditierte) Verfahren eingesetzt werden. Das bedeutet, dass die Liste der einsetzbaren Mittel begrenzt und nicht beliebig erweiterbar ist. Diese Regelung beruht auf einem Rahmenbeschluss des Rates der Europäischen Union aus dem Jahr 2009.[99] Danach sind kriminaltechnische Labortätigkeiten gemäß DIN EN ISO/IEC 17025 durchzuführen und zentral arbeitende Labore, wie BKA und LKÄ verpflichtend zu akkreditieren. Ziel ist die europaweite Gewährleistung der Zuverlässigkeit von Arbeitsergebnissen. Für dezentrale KTU-Labore, die nicht der verpflichtenden Akkreditierung unterliegen, muss allerdings die Gewährleistungspflicht ebenfalls gelten. Somit wurde die sogenannte „kleine Akkreditierung" das Modell „Kompetenter Unterauftragnehmer" (KUAN) eingeführt. Die KTU-Labore sind verpflichtet, ihre Arbeitsmethoden ebenfalls der DIN EN ISO/IEC 17025 anzupassen, unter regelmäßiger Überprüfung und Aufsicht der Landeskriminalämter.

In der Praxis bedeutet das die Einführung eines Qualitätsmanagementsystems (QM), das neben der Vereinheitlichung der Methoden auch die schriftliche Dokumentation aller für die Qualität des „daktyloskopischen Prozesses" maßgeblichen Arbeitsschritte, die Buchführung über Reinigung und Wartung eingesetzter Geräte sowie die Aufzeichnung von Fehleranalysen und Problemlösungsprozessen in Form von Verfahrens-, Arbeitsanweisungen und Gerätedokumentationen reglementiert. Der daktyloskopische Prozess erstreckt sich von der Vorgangserfassung über die Laborarbeiten, die Fotografie und Bildbearbeitung bis hin zum Spurensicherungsbericht sowie der AFIS-Recherche, die in die Zuständigkeit von BKA und LKÄ fällt. Mittelfristig wird erwartet, dass QM in alle kriminaltechnischen Prozesse, einschließlich der Tatortarbeit, implementiert wird.

Die am Tatort einzusetzenden Hilfsmittel der Spurensuche orientieren sich bereits heute an KUAN.

Vergleichsmaterial/Berechtigtenausschluss
Die Tatrelevanz von Spuren kann zum Zeitpunkt der Spurensicherung meist noch nicht beurteilt werden. Zu diesem Zweck sind nach Möglichkeit noch vor einer Auswertung **Trugspuren** auszusortieren. Zu diesen **unechten Spuren** gehören solche, die von Berechtigten gelegt worden sind, zur Tataufklärung nicht beitragen können und somit für die polizeiliche Ermittlungsarbeit nicht relevant sind. Durch Abnahme von **Vergleichsabdrücken** aller in Betracht kommenden Berechtigten und vergleichender Untersuchung mit dem gesicherten Spurenmaterial verbleiben durch das **Ausschlussprinzip** Spuren für weitergehende Auswertungen, die mit hoher Wahrscheinlichkeit von dem oder den unbekannten Täter(n) stammen dürften. Der Vollständigkeit halber sei erwähnt, dass die Abnahme von Vergleichsabdrücken Berechtigter die Freiwilligkeit und Zustimmung des/der Betroffenen voraussetzt und das gewonnene Material keinesfalls gespeichert werden darf.

Es wird nach der vergleichenden Untersuchung vernichtet oder den Berechtigten ausgehändigt.

Die Spurensuche im Leitsachverhalt erstreckt sich selbstverständlich auf alle Örtlichkeiten, an denen der Täter gehandelt hat. In Bezug auf den Sicherungskasten und die Wohnungstür kann davon ausgegangen werden, dass die Spurensuche mit Rußpulver erfolgt.

Das Messer und die Packung Präservative werden im Original sichergestellt, in Papiertüten asserviert und anschließend bei der zuständigen KTU-Stelle einem chemischen Verfahren zur Sichtbarmachung latent vorhandener dakty-

---

99 Rahmenbeschluss 2009/905/JI des Rates vom 30.11.2009 über die Akkreditierung von Anbietern kriminaltechnischer Dienste, die Labortätigkeiten durchführen.

loskopischer Spuren unterzogen. Diese Formulierung wird im Übrigen später auch so im Spurensicherungsbericht stehen.

Das Messer wird mit Cyanacrylat bedampft, soweit nicht schon mit oder in Blut gelegte daktyloskopische Spuren sichtbar sind. Die Packung Präservative wird, je nach Saugfähigkeit der Verpackung, entweder mit Cyanacrylat bedampft oder, wenn es sich um saugfähige Pappe handelt, mit Ninhydrin behandelt.

Rußpulverspuren werden wahlweise mit Hilfe von Klebefolie oder fotografisch gesichert, blutige Finger- und Handflächenspuren sowie die durch das Bedampfungsverfahren bzw. das Ninhydrinverfahren sichtbar gewordenen Spuren werden ausschließlich fotografisch gesichert.

Es bietet sich an, von der Geschädigten Jale Peksoy schon im Zuge der Tatortarbeit Vergleichsabdrücke zu nehmen. Die Eltern und der 11-jährige Bruder werden nach ihrer Rückkehr aus dem Urlaub entweder zu Hause aufgesucht oder zur Vergleichsabdrucknahme vorgeladen. Gegebenenfalls müssen weitere Berechtigte ermittelt werden.

Spurenauswertung [100]

Die Ablauforganisation in Bezug auf die Auswertung daktyloskopischer Spuren orientiert sich an der Aufbauorganisation des jeweiligen Bundeslandes und den dort gültigen Erlassen einerseits (Kriminalhauptstellenverordnung und kriminaltechnische Untersuchungsstellen/Nachrichtensammelstellen), und praktischen Erwägungen zur effizienteren Aufgabenbewältigung andererseits. Die Spurensicherung wird in vielen Behörden sowohl durch ausgebildete Kriminaltechniker als auch durch Angehörige des Kriminaldauerdienstes (K-Wache) und des Wach- und Wechseldienstes durchgeführt. Vor diesem Hintergrund hat es sich als praktikabel und sinnvoll erwiesen, dass die sachkundigen Erkennungsdienste eine Vorauswahl hinsichtlich der Brauchbarkeit treffen. In vielen Behörden werden folglich alle Spurenkarten zunächst dem örtlichen Erkennungsdienst übersandt, um jene Spuren auszusortieren, die eindeutig nicht den Brauchbarkeitskriterien entsprechen. Von dort werden die vermeintlich geeigneten Spuren direkt an die zuständige Nachrichtensammelstelle zur endgültigen Bewertung weitergeleitet. Insofern folgen die praktischen Abläufe nicht den Vorgaben des einschlägigen Erlasses. Die bei den Nachrichtensammelstellen tätigen **Sachverständigen für Daktyloskopie** beurteilen die Spuren abschließend und führen gegebenenfalls einen direkten Vergleich mit dem erkennungsdienstlichen Material (Zehnfingerabdruckbogen) eines/einer Beschuldigten durch, falls in dem in Rede stehenden Ermittlungsverfahren bereits ein konkreter Tatverdacht besteht. Vorausgesetzt wird dabei natürlich, dass die tatverdächtige Person bereits erkennungsdienstlich behandelt wurde. Scheidet der/die Beschuldigte als Spurenleger aus oder liegt noch kein konkreter Tatverdacht vor, leitet die Nachrichtensammelstelle die brauchbaren und für einen Sammlungsvergleich geeigneten Originalspuren weiter an das Sachgebiet 56.2 zur Eingabe in das **AFIS beim LKA NRW.**

Generell fertigen die Nachrichtensammelstellen fotografische Kopien (Reproduktionen) aller an das **AFIS** weitergeleiteten Spuren an, um sich weiterhin die Möglichkeit von direkten Vergleichen mit künftig ermittelten Tatverdächtigen zu erhalten.

---

[100] Ablauforganisation wird hier exemplarisch für das Land NRW dargestellt.

Automatisiertes Fingerabdruck-Identifizierungssystem (AFIS)

Das Verbundsystem wird seit dem 01.12.1993 [101] sowohl zur **Feststellung von Spurenverursachern** als auch zur **Identifizierung von Personen** genutzt. AFIS wird über das BKA zur Verfügung gestellt und speichert auf dem Hauptserver sowohl **erkennungsdienstliches Material** in Form von Finger- und Handflächenabdrücken von Beschuldigten und Asylbewerbern als auch **an Tatorten gesichertes Material** in Form von Finger- und Handflächenspuren. Abdrücke und Spurenmaterial werden zu diesem Zweck über eine Leseeinheit digitalisiert und arbeitsteilig durch das BKA und die Landeskriminalämter (LKÄ) gespeichert und recherchiert. Die LKÄ speichern über dezentrale Arbeitsplätze jeweils das in ihrem Zuständigkeitsbereich gesicherte Spurenmaterial und recherchieren im Bestand des erkennungsdienstlich gewonnenen Materials, welches durch das BKA gespeichert wurde. [102] Auf diese Art und Weise kann der entsprechende Spurenleger mit Hilfe des Sammlungsvergleiches in AFIS identifiziert werden. **Tatspurenzusammenhänge**, sogenannte **Spur-Spur-Treffer**, wie sie aus anderen Sammlungen bekannt sind (Tatortmunitionssammlung, DNA-Analyse-Datei, Schuhspurensammlung, Werkzeugspurensammlung), werden mit Hilfe von AFIS routinemäßig nicht festgestellt.

Die dazu erforderlichen Sammlungsvergleiche des Spurenmaterials untereinander stehen in keinem Verhältnis zu den zu erwartenden Ergebnissen. Bei zehn Fingern sowie der jeweils linken und rechten Handinnenfläche hat ein Spurenleger insgesamt 12 unterschiedliche Möglichkeiten, an Tatorten daktyloskopische Spuren zu hinterlassen, ohne dass AFIS einen Tatspurenzusammenhang ermitteln könnte. Die Anzahl der Möglichkeiten summiert sich, wenn man berücksichtigt, dass selbst vom gleichen Finger immer wieder andere Bereiche zum Abdruck kommen können. Auch in diesem Fall wäre keine Identität der Spuren untereinander feststellbar. Dennoch kann in bedeutsamen Fällen eine solche Recherche durchgeführt werden.

Bei Identifizierung von Spurenverursachern mit Hilfe des AFIS können auch durch die Sachverständigen der Landeskriminalämter daktyloskopische Identitätsnachweise gefertigt und an die zuständigen Behörden versandt werden. [103]

Noch einmal kurz zusammengefasst:
Die Landeskriminalämter sind zuständig für die Spureneingabe und Spurenrecherche, also dem Abgleich mit bereits gespeichertem erkennungsdienstlichen Material.
Das Bundeskriminalamt speichert, sofern die rechtlichen Voraussetzungen vorliegen, Finger- und Handflächenabdrücke von erkennungsdienstlich behandelten Personen und ist für die Personenrecherche (Identitätsfeststellung) zuständig.

Die im Leitsachverhalt gesicherten daktyloskopischen Spuren werden zunächst von sachkundigen Kriminaltechnikern des PP Münster auf ihre Brauchbarkeit hin vorbewertet.

Das vermeintlich geeignete Spurenmaterial wird mit dem Vergleichsmaterial der Berechtigten (falls bereits vorhanden) der zuständigen Nachrichtensammelstelle, hier die Kriminalhauptstelle Recklinghausen, zur Auswertung und

---

101 Quelle: www.bka.de.
102 Vgl. Ed-Richtlinien, Stand 15.06.2010, veröffentlicht im BK-Blatt 97/2010 am 25.08.2010.
103 Quelle: pol.duesseldorf-lka.polizei.nrw.de/afis0.htm.

zum Berechtigtenabgleich übersandt. Da bis zu diesem Zeitpunkt noch kein Tatverdächtiger ermittelt werden konnte, werden alle brauchbaren Spuren, die keinem der Berechtigten zugeordnet worden sind, weitergeleitet an das Sachgebiet 56.2 beim LKA NRW zur Eingabe und Recherche im AFIS.
Laut Sachverhaltfortschreibung kann durch das KK 12 der bereits wegen bewaffneten Raubes auf Tankstellen und wegen sexueller Nötigung in Erscheinung getretene **Horst Seemann**, **01.02.1961/Meerstadt, ermittelt werden.*
Zunächst wird über POLAS/INPOL [104] überprüft, ob der Beschuldigte im Rahmen der genannten Ermittlungsverfahren bereits erkennungsdienstlich behandelt und dessen Material gespeichert worden ist.
Liegt noch keinerlei ED-Material vor, wird die erkennungsdienstliche Behandlung nach § 81b StPO, 1. und 2. Alternative, angeordnet und durchgeführt.
Für den Fall, dass von Herrn Seemann erkennungsdienstliches Material existiert, gibt es zwei Möglichkeiten, ihn mit Hilfe der Daktyloskopie hinsichtlich der versuchten Vergewaltigung als Spurenleger zu identifizieren:
1. Da sowohl die Tatortspuren als auch die Finger- und Handflächenabdrücke von Herrn Seemann im AFIS gespeichert sind, wird das System ihn über kurz oder lang als Spurenleger erkennen. Allerdings wird mit einem solchen Ergebnis bis zu einer Richtervorführung für einen Untersuchungshaftbefehl nicht ohne Weiteres zu rechnen sein. Insofern ist Variante 2 zu bevorzugen.
2. Die zuständige Nachrichtensammelstelle hat vor der Weiterleitung der Spuren an das AFIS Reproduktionen gefertigt und archiviert. Sie benötigt nun lediglich die Personalien des Beschuldigten Seemann, besorgt sich online beim BKA dessen erkennungsdienstliches Material und führt nun mit Hilfe von speziellen Vergrößerungsgeräten oder Monitoren einen direkten Vergleich durch. Wird Herr Seemann als Spurenleger identifiziert, bescheinigt der daktyloskopische Sachverständige dieses Ergebnis in Form eines schriftlichen Gutachtens und versendet es unverzüglich, unter Umständen per E-Mail vorab, an die sachbearbeitende Dienststelle. Das Ergebnis kann im Regelfall schon in den Vorführbericht für die Richtervorführung einfließen.

Die erkennungsdienstliche Behandlung nach § 81b StPO, 2. Alternative, gewährleistet, dass das ED-Material von Herrn Seemann durch das BKA in AFIS gespeichert und mit dem aktuellen und künftigen Spurenbestand des Systems abgeglichen wird.

Das Gutachten kann dann folgendermaßen lauten:
Aufgrund der Übereinstimmung in den anatomischen Merkmalen im untersuchten Spurenmaterial und den Vergleichsabdrücken steht nach den Grundtatsachen der Daktyloskopie z w e i f e l s f r e i fest, dass das Hautleistenbild dieser Spur von der unter den o. a. Personalien erkennungsdienstlich behandelten Person verursacht worden ist. [105]

4.1.1.4 Identifizierung von Personen

Die Ermittlung der rechtmäßigen Personalien einer Person gehört ebenso zu den Kernaufgaben der Polizei wie die Identifizierung von unbekannten Toten und

---
104 POLAS: **Pol**izeiliches **A**uskunfts**s**ystem NRW; INPOL: **In**formationssystem **Pol**izei bundeseinheitlich.
105 Gutachten der Nachrichtensammelstelle Essen, Oktober 2010.

unbekannten hilflosen Personen.[106] Die Daktyloskopie stellt dabei nach wie vor eines der wichtigsten Hilfsmittel dar. Darüber hinaus erfreut sich die Autorisierung mit Hilfe des Fingerabdruckes gerade im digitalen Zeitalter in vielen Lebensbereichen großer Beliebtheit und gewinnt zunehmend an Bedeutung. Das BKA nimmt in Bezug auf die Identitätsfeststellung von Personen mit Hilfe der Daktyloskopie eine zentrale Stellung ein und unterstützt die Behörden der Länder durch den Support von AFIS, die Eingabe von Finger- und Handflächenabdrücken sowie die Recherche im System.[107]

Alle im Rahmen einer erkennungsdienstlichen Behandlung erstellten Fingerabdruckbögen werden inklusive der erfassten Personalien beim BKA im AFIS gespeichert, soweit die rechtlichen Voraussetzungen dazu vorliegen (z.B. § 81b 2. Alt. StPO).

Soweit die Fingerabdrucknahme bereits mit LiveScan-Systemen digital aufgenommen werden, erhält das BKA das Material direkt online. Für den Fall, dass die aufnehmende Dienststelle noch herkömmlich mit Papier und Schwärze arbeitet, wird der Fingerabdruckbogen entweder eingescannt und online versandt oder althergebracht auf dem Postweg. Die Digitalisierung erfolgt in diesem Fall direkt beim BKA.

Somit stehen die digitalisierten Daten einerseits den Bundesländern für die Spurenrecherche zur Verfügung und dienen andererseits dem BKA selbst zur Personenrecherche.

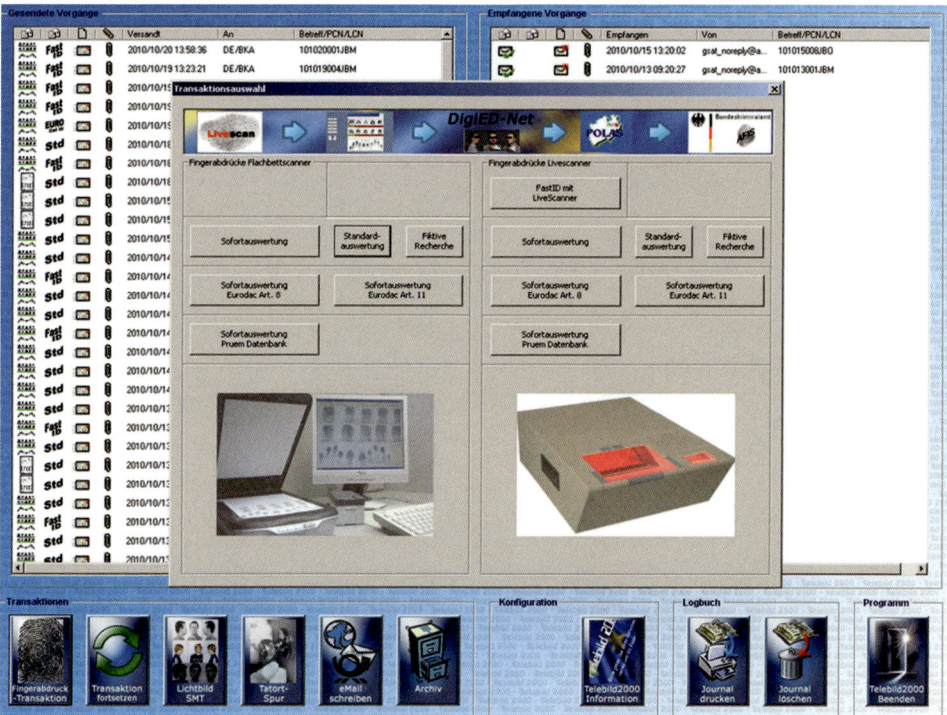

Abb. 53: Anwendung „LiveScan", Startbildschirm

---
106 Siehe PDV 389.
107 Vgl. Ed-Richtlinien, Stand 15.06.2010, veröffentlicht im BK-Blatt 97/2010 am 25.08.2010.

Eine zu überprüfende Person kann nun, je nach Anlass, im Rahmen der jeweiligen Rechtsgrundlagen, erkennungsdienstlich behandelt werden, um ihre Identität festzustellen.[108]

Die in diesem Zusammenhang genommenen Fingerabdrücke werden dem BKA mit der Bitte übersandt, zu überprüfen, ob und unter welchen Personalien diese Person bereits polizeilich in Erscheinung getreten ist.

In Nordrhein-Westfalen wird zu diesem Zweck das LiveScan-System mit einer Schnittstelle zu POLAS/INPOL genutzt. Grundsätzlich stehen in dieser Anwendung zwei Möglichkeiten zur Verfügung.

Fast ID
Das **Fast Identification Modul** ist ein Bestandteil der Anwendung LiveScan und bietet die Möglichkeit der schnellen Personenidentifizierung in Form einer AFIS-Anfrage beim BKA, die generell im „einstelligen Minutenbereich"[109] beantwortet wird. Aktuell werden vier Finger des Betroffenen/Beschuldigten auf der Leseeinheit abgerollt und digitalisiert online dem BKA übermittelt. Die Anfrage und Versendung der Fingerabdrücke erfolgt über die Schnittstelle zur Anwendung „POLAS/INPOL", über die letztendlich auch die Antwort abgerufen werden kann.

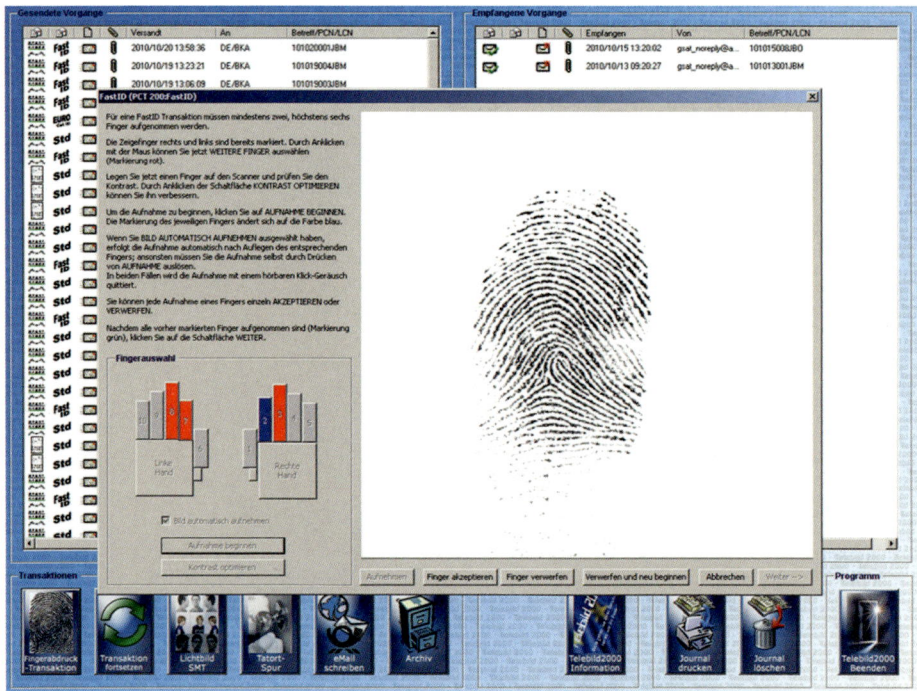

Abb. 54: Das Modul Fast ID zur schnellen Personenidentifizierung

---

108 Vgl. z.B. § 163b StPO und § 14 PolG NRW.
109 Quelle: LZPD NRW 2010.

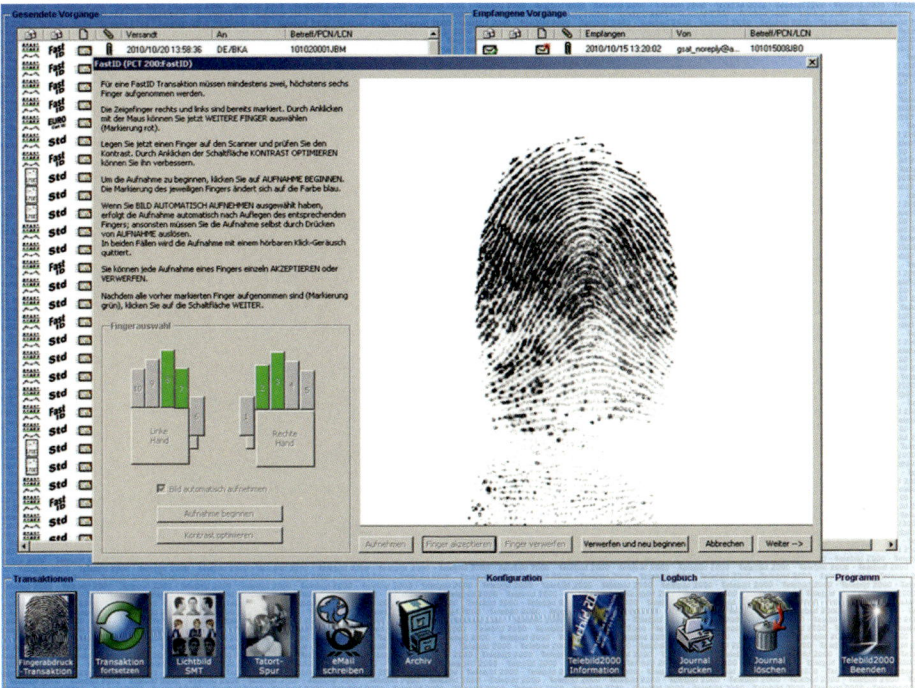

Abb. 55: Das Modul Fast ID zur schnellen Personenidentifizierung

Bei dieser Maßnahme handelt es sich rechtlich um eine erkennungsdienstliche Behandlung, die selbstverständlich einer entsprechenden Ermächtigung bedarf. Eine Speicherung der übersandten Fingerabdrücke unterbleibt allerdings. Die Maßnahme dient lediglich der Personenüberprüfung.

Sofortauswertung mit den Abdrücken aller Finger

Das System LiveScan bietet darüber hinaus die Personenüberprüfung mit Hilfe aller Fingerabdrücke an, nach Manier des altehrwürdigen **Telebildes**. Allerdings wird diese Option mit zunehmender Zuverlässigkeit von Fast ID weniger genutzt. Anfragen dieser Art kommen insbesondere in Betracht, wenn zusätzlich überprüft werden soll, ob ein Ausländer, der sich illegal im Hoheitsgebiet eines Mitgliedstaats der EU aufhält, zu einem früheren Zeitpunkt einen Asylantrag in einem anderen Mitgliedstaat gestellt hat[110] oder ob die Person in der Vergangenheit in Verbindung mit dem illegalen Überschreiten der Grenze dieses Mitgliedstaats auf dem Land-, See- oder Luftwege aus einem Drittstaat kommend von den zuständigen Kontrollbehörden aufgegriffen und nicht zurückgewiesen wurde.[111] Anfragen dieser Art erfordern die Übermittlung aller Fingerabdrücke an das BKA. Die Übermittlung der entsprechenden Antworten erfolgt über elektronische Post (EPOST).[112]

---

110 Rat der Eurpäischen Union, Eurodac (Europäische Datenbank zur Speicherung von Fingerabdrücken) Artikel 11.
111 Eurodac, a.a.O., Artikel 8.
112 Vgl. Ed-Richtlinien, Stand 15.06.2010, veröffentlicht im BK-Blatt 97/2010 am 25.08.2010.

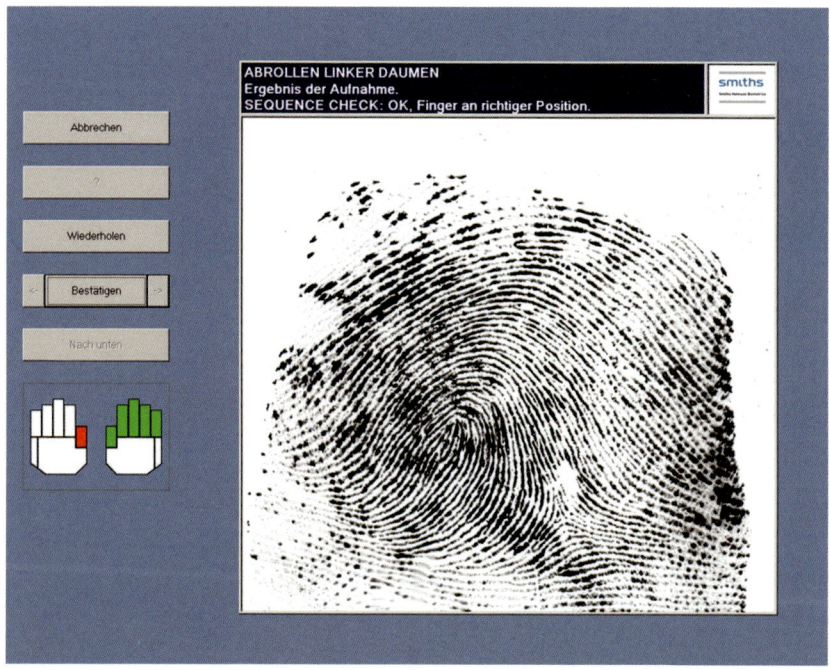

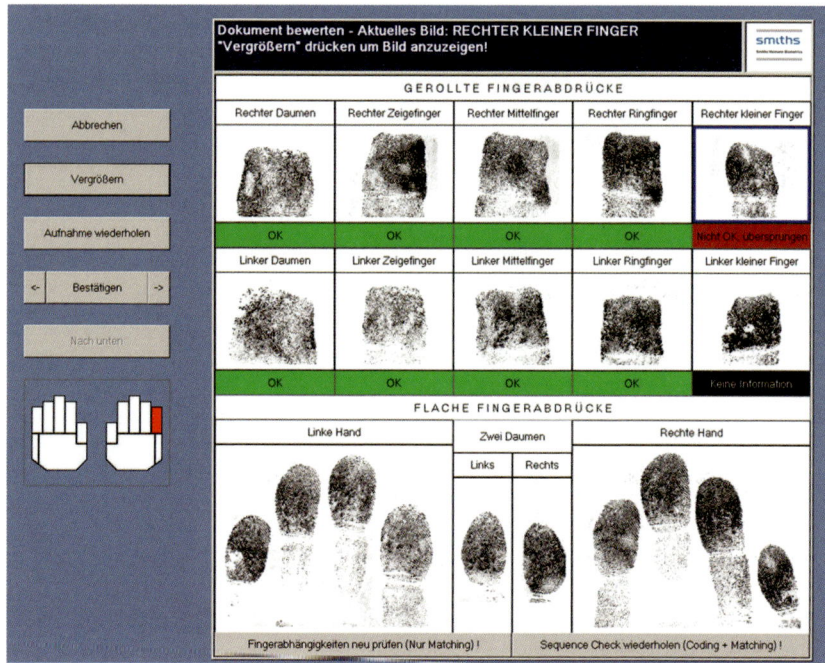

Abb. 56 und 57: Die digitale ED-Behandlung im Rahmen von LiveScan [113]

---

113 Die in Abb. 53 – 57 dargestellte Benutzeroberfläche kann, je nach Update der Software, anders ausshen.

Das eingesetzte System mit seinen Modulen arbeitet sehr zuverlässig und schließt Bedienungsfehler durch vorgegebene Abläufe und hinterlegte Plausibilitäten weitestgehend aus. Die Arbeit mit der Anwendung ist leicht erlernbar. Allerdings erfordert die Fingerabdrucknahme selbst einige Übung, da jeder Abdruck direkt auf seine Qualität hin überprüft wird und die Geräte nur exakt abgerollte Fingerabdrücke und deutlich abgedrückte Handflächen akzeptieren. Eine erkennungsdienstliche Behandlung unter Anwendung von unmittelbarem Zwang kann auf diese Art und Weise nicht durchgeführt werden. In solchen Fällen muss auf herkömmliche Hilfsmittel zurückgegriffen werden.

Der im Leitsachverhalt ermittelte Beschuldigte, **Horst Seemann,** *wird, soweit die Voraussetzungen nach § 81b StPO 1. und 2. Alternative vorliegen, entweder erstmalig oder erneut erkennungsdienstlich behandelt. Mit Speicherung der ED-Behandlung durch das BKA wird automatisch überprüft, ob und unter welchen Personalien diese Person in der Vergangenheit polizeilich in Erscheinung getreten ist. Für den Fall, dass er zuvor unter abweichenden Personalien ed-behandelt wurde, erkennt AFIS aufgrund der Fingerabdrücke Personengleichheit trotz unterschiedlicher Personalien. Die unterschiedlichen Datensätze würden dann durch das BKA zu einem zusammengeführt. Die Personalien, unter denen er zuerst gespeichert wurde, werden als sogenannte* **Führungspersonalien** *und alle weiteren, anders lautenden Personalien als* **Aliaspersonalien** *aufgeführt. Die möglicherweise ungesicherten Führungspersonalien werden erst geändert, wenn die Person nach Durchführung eines* **Personenfeststellungsverfahrens** *den Status* **„ist festgestellt"** *erhält.* [114] *Erweisen sich dabei die bisherigen Führungspersonalien ebenfalls als unrichtig, werden sie dem Datensatz als weitere Aliaspersonalien angehängt.*

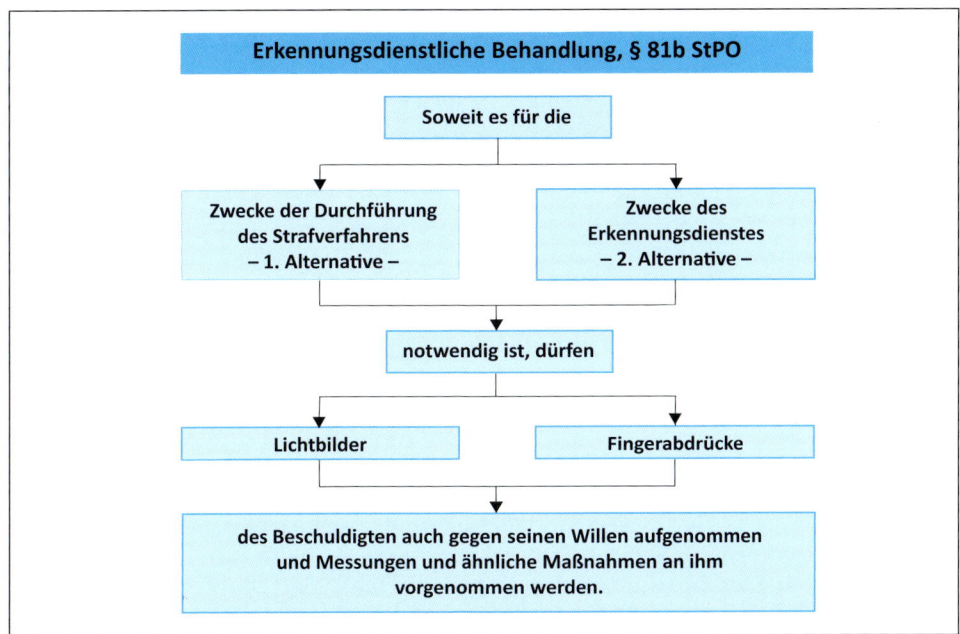

Abb. 58: Erkennungsdienstliche Behandlung nach § 81b StPO

---

114 Vgl. Ed-Richtlinien, Stand 15.06.2010, veröffentlicht im BK-Blatt 97/2010 am 25.08.2010.

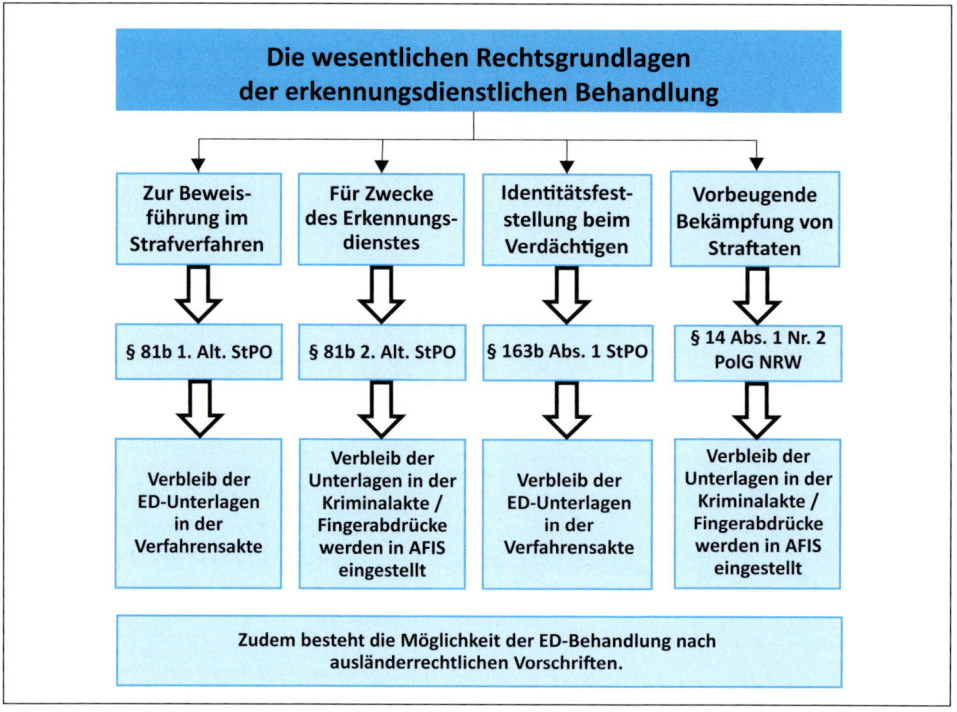

Abb. 59: Wesentliche Rechtsgrundlagen der erkennungsdienstlichen Behandlung

Leichendaktyloskopie

Die **Leichendaktyloskopie** gehört zum Standardrepertoire der Kriminaltechnik. Unabhängig vom Zustand einer Leiche, Ausprägung der Leichenstarre, Fortschreitung des Fäulnisprozesses, insbesondere bei Wasserleichen oder etwa ausgeprägter Mumifizierung, solange Papillarlinien vorhanden sind, können Finger- und Handflächenabdrücke genommen werden.

Im Rahmen von Mordkommissionen wird diese Standardmaßnahme mit Zielrichtung Berechtigtenausschluss durchgeführt und das Vergleichsmaterial mit allen offenen Spuren abgeglichen. Die Identifizierung von unbekannten Toten, aber auch unbekannten hilflosen Personen über Finger- und Handflächenabdrücke gehört immer noch zu den zuverlässigsten, schnellsten und kostengünstigsten Methoden.

Die Aufbereitung von Leichenfingern erfolgt mit Hilfe von physikalischen und chemischen Hilfsmitteln. Nach Möglichkeit wird ein vollständiger Zehnfingerabdruckbogen erstellt, der entweder direkt mit vorhandenem ED-Material einer in Betracht kommenden Person verglichen werden kann oder dem BKA zur AFIS-Recherche übersandt wird. Für die Übersendung von Leichenabdrücken an das BKA zur AFIS-Recherche steht das LiveScan-System nicht zur Verfügung. Das gilt ebenfalls für das Modul Fast ID. Allerdings kann der Zehnfingerabdruckbogen digitalisiert und mit Hilfe der Software des LiveScan Moduls online versandt werden.

In vielen Fällen führt die Recherche in AFIS zu keinem Treffer, weil die Person bisher noch nicht daktyloskopisch erfasst worden ist. Um wen es sich handeln könnte, kristallisiert sich dann oft erst nach umfangreichen Ermittlungen heraus. In diesen Fällen wird der zuständige Erkennungsdienst oder die KTU beauftragt, im Lebensbereich der in Betracht kommenden, möglicherweise vermisst gemeldeten, Person nach daktyloskopischen Spuren zu suchen.

Diese Aufgabe stellt die Kriminaltechniker in der Regel vor keinerlei nennenswerte Probleme, denn die Möglichkeiten, in einer Wohnung Finger- und Handflächenspuren von dort aufhältigen Personen zu finden, sind sehr vielfältig. Persönliche Gegenstände des Vermissten bieten sich dabei genauso an wie Geschirr, Türen, Fliesen usw. Die Suche nach daktyloskopischem Material geht in solchen Fällen fast immer mit der Suche und Sicherung von serologischem (DNA-fähigem) Zellmaterial einher.

4.1.2 Ohrabdruckspuren

Hautausscheidungen werden nicht nur über Finger, Handflächen oder Fußsohlen abgesondert, sondern über alle Bereiche der Körperoberfläche, wenngleich auch weniger intensiv. Das hat zur Folge, dass durch den direkten Kontakt einer unbekleideten Körperregion mit einem glatten Untergrund generell Abdruckspuren entstehen, so zum Beispiel auch **Ohrabdrücke**. Alle anderen, bisher nicht erwähnten, Körperregionen spielen in Bezug auf die Formspurenauswertung in der angewandten Kriminaltechnik kaum eine Rolle. Ohrabdruckspuren werden insbesondere an Einbruchstatorten regelmäßig beobachtet.

Zum Modus Operandi einer Reihe von Tätergruppen gehört das Horchen (Lauschen), ob im Innern des begehrten Einbruchsobjektes Geräusche zu vernehmen sind, die auf die Anwesenheit von Personen oder Tieren schließen lassen.

Zu diesen Begehungsweisen gehört der Tageswohnungseinbruch in Etagenwohnungen von Mehrfamilienhäusern. Die Tätergruppe verschafft sich zunächst Zugang zum Hausflur, was sich im Regelfall als unproblematisch darstellt. Anschließend sucht man eine der oberen Etagen auf, oftmals die oberste, weil dort der wenigste Verkehr herrscht. An der Wohnungstür wird dann geklingelt oder geklopft und anschließend gehorcht. Bleibt im Wohnungsinnern alles ruhig, wird die Tür aufgebrochen. Auf dem äußeren Türblatt der Wohnungstür finden die Spurensicherer dann regelmäßig tatrelevante Ohrabdruckspuren.

Spurenart
Sie gehören zur Gruppe der Formspuren und liegen als Abdruck vor. Das Vorliegen einer solchen Spur lässt Rückschlüsse auf die Begehungsweise, unter Umständen sogar auf bestimmte Tätergruppierungen zu und stellt somit eine wichtige Situationsspur dar.

Allgemeine Beweiskraft
Menschliche Ohren und ihre Abdrücke sind ebenso einmalig wie Finger, Handflächen und Füße und ermöglichen so **Individualidentifizierungen**, die in Form von anthropologischen Gutachten in Beweisaufnahmen vor Gericht einfließen.

Anthropologische Gutachten beruhen auf dem bisher nicht widerlegbaren Grundsatz der Einmaligkeit, dass sich nämlich „in der Natur nichts wiederholt", der damit die Grundlage für vergleichende Untersuchungen bildet. Ohrmuscheln weisen eine Vielzahl von morphologischen Merkmalen und Merkmalsvarianten auf, die es dem Gutachter gestatten, ein bestimmtes Ohr als Verursacher einer Tatortspur zu identifizieren. Dass die Spur ausreichend individuelle Merkmale aufweisen und fachgerecht gesichert werden muss, versteht sich von selbst.

Die in Abbildung 60 dargestellten Ohrabdruckspuren sind nur vier mögliche Varianten, lassen aber die Auswertungsmöglichkeiten erahnen.

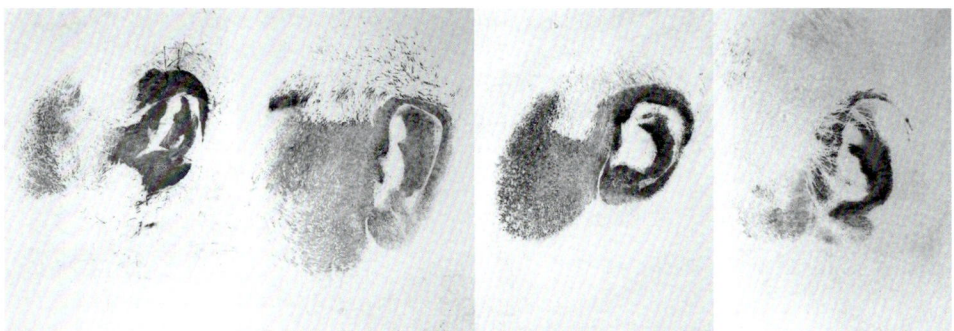

Abb. 60: Variantenreichtum von Ohrabdrücken

Die Lage einer Ohrabdruckspur am Tatort, speziell ihre Höhe, vom Boden aus gemessen, lässt Rückschlüsse auf die ungefähre Größe des Spurenlegers zu und ermöglicht damit eine **Gruppenbestimmung** bzw. den **Ausschluss** von Personen, deren Größe von der gemessenen Höhe abwärts liegt.

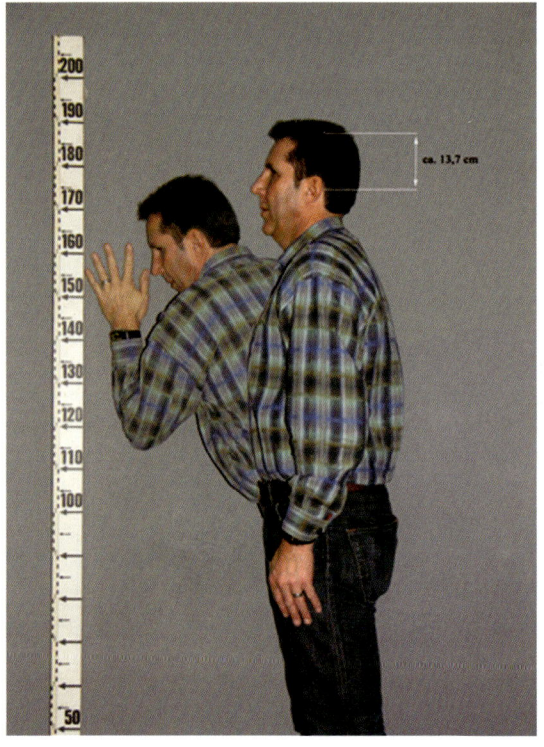

Abb. 61: Größenbestimmung bei Ohrabdrücken

Die Größenbestimmung des Spurenverursachers anhand der Höhe der festgestellten Tatortspur kann allenfalls einen Näherungswert und damit einen Anhaltspunkt liefern. Die Grundlage bilden anthropologische Untersuchungsreihen, wonach der durchschnittliche Abstand zwischen der Mitte der Ohrmuschel und dem Scheitelkamm etwa 13,7 cm beträgt, dargestellt anhand der aufrecht stehenden Person in Abbildung 61, bei der dieser Wert ebenfalls zu trifft.[115]

Horchende Personen beugen sich generell leicht vor, sodass Ohr und Scheitelkamm tiefer liegen, als bei aufrechter Haltung, durchschnittlich um etwa 3 cm. Folglich ergibt sich bei einer vom Boden bis zur Ohrmuschelmitte gemessenen Höhe von 164 cm folgende Berechnung:

Gemessene Höhe der Ohrmuschelmitte:	164,0 cm;	164,0 cm
Beugedifferenz:	3,0 cm;	7,0 cm
Abstand Ohrmuschelmitte/Scheitelkamm:	<u>13,7 cm;</u>	<u>13,7 cm</u>
Größe des Spurenlegers etwa:	180,7 cm	184,7 cm

Allerdings handelt es sich bei der Beugedifferenz um einen variablen Faktor, der durchaus auch 7 cm oder mehr betragen kann, wie Abbildung 61 und die Berechnung Nr. 2 zeigen. Insofern sind Berechnungen der Größe immer mit der gebührenden Zurückhaltung zu bewerten. Demgegenüber dürften Aussagen hinsichtlich der Mindestgröße jedoch durchaus als zuverlässig betrachtet werden. Addiert man die gemessene Höhe der Ohrmuschelmitte und den recht zuverlässigen Wert des Abstandes zum Scheitelkamm, so erhält man die Mindestgröße der Person.

Verschiedene kriminaltechnische Dienststellen der Behörden führen auf regionaler Ebene Sammlungen von Ohrabdruckspuren, nach aktuellem Stand jedoch weder recherchefähig noch rechnerunterstützt. Dennoch ermöglichen diese Sammlungen vergleichende Untersuchungen der Spuren untereinander und somit das Erkennen von Tatzusammenhängen sowie die schnelle und unproblematische Bereitstellung von Spuren für einen Vergleich mit potenziellen Tatverdächtigen.

Der Bereich der Ohrabdruckspur ist aufgrund des direkten Kontaktes mit dem Spurenträger auch als relevant in Bezug auf DNA-fähiges Zellmaterial zu betrachten.

Ferner zeigt die kriminalistische Erfahrung, ebenfalls in Abbildung 61 dargestellt, dass mit hoher Wahrscheinlichkeit mit dem Abdruck des horchenden Ohres auch der Abdruck einer stützenden Hand einher geht, entweder in Form daktyloskopischer Spuren oder als Formspuren von Handschuhen, die der Täter bei Tatausführung getragen hat. Zum Abdruck des rechten Ohres findet man meist den der linken Hand und umgekehrt. Auch hier sei auf die Möglichkeit serologischer Spuren hingewiesen.

Konkreter Beweiswert
Ohrabdruckspuren belegen den direkten Kontakt des Spurenlegers mit dem Spurenträger, nämlich, dass die fragliche Person dort zu einem nicht näher bestimmbaren Zeitpunkt gelauscht hat. In Bezug auf die Tatausführung haben sie allenfalls Indiziencharakter, da sie meist in Bereichen liegen, die einem größeren Kreis von Menschen zugänglich sind, so zum Beispiel an den äußeren Türblättern

---
[115] Hirschi, S. 75 ff.

von Wohnungstüren in Mehrfamilienhäusern. Die bloße Anwesenheit am Tatort und das Horchen an der Wohnungstür sind weder strafbar noch beweisen sie die Tatausführung. Als Ermittlungsansätze, als Grundlage für Eingriffsmaßnahmen oder vernehmungstaktisch können Identifizierungen anhand dieser Spurenart jedoch von entscheidender Bedeutung sein.

Die Informationen aus dem Leitsachverhalt lassen darauf schließen, dass der zunächst noch unbekannte Täter das Licht zur Wohnung Peksoy über den Sicherungskasten im Hausflur ausgeschaltet hat und dem Opfer durch die offene Wohnungstür gefolgt ist. Dabei muss aber in Betracht gezogen werden, dass der Täter im Vorfeld überprüft haben könnte, ob in der Wohnung jemand anwesend ist bzw. war.
Zu diesem Zweck könnte er an der Tür gehorcht haben.
Das Türblatt der Wohnungstür ist folglich auf mögliche Ohrabdrücke hin zu untersuchen. In diesem Fall sind vergleichende Untersuchungen mit Vergleichsabdrücken des Beschuldigten Seemann mit Ziel der Identifizierung möglich.
Darüber hinaus kann über eine möglicherweise regional geführte Sammlung von Ohrabdruckspuren festgestellt werden, ob der Beschuldigte bereits an anderen Tatorten als Spurenleger in Erscheinung getreten ist.

Spurensicherung
Die Sicherung von Ohrabdruckspuren am Tatort erfolgt analog der daktyloskopischen Spurensuche und -sicherung mit Rußpulver oder einem anderen Adhäsionsmittel und anschließendem Folienabzug oder mittels Fotografie. Die genaue Lage der Spur, insbesondere ihre Höhe, ist zu vermessen und zu dokumentieren.

Beim Einstäuben ist zu berücksichtigen, dass die Spur durch den Kontakt mit dem Rußpulverpinsel mit fremder DNA kontaminiert werden könnte und eine serologische Auswertung erschweren oder unmöglich machen dürfte.

Abriebe verbieten sich, da sie die Formspur zerstören würden. In diesen Fällen bietet sich ein kontaktloses Einstäubeverfahren oder die Verwendung von Einwegpinseln an, sodass zunächst die Auswertung der Formspur und anschließend eine DNA-Analyse anhand des Materials unter der Klebefolie durchgeführt werden kann.

Vergleichsmaterial
Die Beschaffung von Vergleichsohrabdrücken beim Beschuldigten unterliegt den Zulässigkeitsvoraussetzungen des § 81b StPO. Das Prozedere der Vergleichsabdrucknahme erfolgt unter variierenden Bedingungen durch die kriminaltechnische Fachdienststelle und ist im Zweifel vorab mit der zu beauftragenden Untersuchungsstelle abzusprechen. Die Arbeitsweise ist zu dokumentieren.

Spurenauswertung
Anträge auf Vergleichsabdrucknahme sind schriftlich an den Erkennungsdienst oder die zuständige KTU-Stelle zu richten. Die vergleichende Untersuchung von Tatortmaterial mit Abdrücken von Beschuldigten ist ebenfalls schriftlich durch die Sachbearbeitung in Form eines Untersuchungsantrages zu beantragen. Antrag und Untersuchungsmaterial werden über die zuständige KTU-Stelle der Untersuchungsstelle ubersandt. Die KTU überprüft den Antrag auf Form, Vollständigkeit und Sinnhaftigkeit und leitet ihn an die Untersuchungsstelle weiter. Die Begutachtung von Ohrabdrücken unterliegt einem speziell ausgebildeten Sach-

verständigen bei einer zu beauftragenden Untersuchungsstelle, vorzugsweise bei einem der Landeskriminalämter oder beim BKA. Sind dort Untersuchungen dieser Art nicht möglich, wird das anthropologische Gutachten bei einem externen Sachverständigen in Auftrag gegeben.

4.2 Technische Formspuren

4.2.1 Schuhab- und Eindruckspuren

Der Mensch schützt seinen Körper mit Kleidung. Je niedriger die Außentemperaturen, desto aufwändiger die Zusammenstellung der Kleidungsstücke. In der zivilisierten Welt gehört dazu selbstverständlich auch der Schutz seiner Füße durch Schuhwerk.

Schuhe haben sich im Laufe des letzten Jahrhunderts vom reinen Gebrauchsgegenstand zum Modeartikel entwickelt, einem Wirtschaftsfaktor mit Herstellern in aller Welt und einer unüberschaubaren Vielfalt an Modellen und deren Abarten. Die Schnelllebigkeit des Marktes zwingt die Fabrikanten mehrmals pro Jahr zur Modifizierung bereits vorhandener Modelle. Die Modetrends wirken sich nicht nur auf Form und Farbe des Schuhschaftes, sondern gleichermaßen auf die Gestaltung der Laufsohle aus. Profilmuster unterscheiden sich nach Schuhart, Hersteller und Saison.

Firmen arbeiten Logos, Schriftzüge und andere Symbole ein, die den Schuh als eigenes Produkt kennzeichnen. Dabei handelt es sich **grundsätzlich um Massenprodukte**, die unmittelbar nach der Fertigung noch **keinerlei individualcharakteristische Merkmale** aufweisen. Allerdings gibt es Fertigungsarten, wie das Schäumen von Laufsohlen, bei denen bereits der neue, unbenutzte Schuh den Nachweis von **herstellungsbedingten Individualmerkmalen** zulässt.

Bereits beim ersten Gebrauch verändert sich die Laufsohle durch Abnutzungen und Beschädigungen. Laufeigenarten des Schuhträgers, scharfe und spitze Gegenstände wie Glasscherben, Nägel und Heftzwecken, brennende Zigarettenkippen oder Materialbeschädigung durch fortschreitenden Verschleiß bewirken, dass der Schuhsohle **Gebrauchsmerkmale** hinzugefügt werden. Deren zufällige Entstehung nach Art, Lage und Größe ist nicht reproduzierbar und macht die jeweilige Sohle zu einem Unikat und somit zu einem wertvollen Hilfsmittel kriminaltechnischer Arbeit.

Spurenart

Schuhe hinterlassen Spuren auf dem Untergrund, die die charakteristischen Merkmale der Laufsohle in Größe, Form und Lage widerspiegeln. Schuhspuren haben demzufolge Bedeutung als Formspuren. Werden Schuhspuren in ein weiches Medium, z.B. Erdreich, gelegt, liegen Eindruckspuren vor. Abdruckspuren entstehen, wenn an der Schuhsohle haftendes Material auf einem glatten, harten Untergrund hinterlassen wird **(Substanzübertragung)**. Dabei kann es sich sowohl um Flüssigkeiten aller Art als auch um feine Materialien wie Staub oder ähnliches handeln. Man spricht in diesem Fall von einer **positiven Abdruckspur. Negative Abdruckspuren** entstehen durch das Hineintreten in eine leicht angetrocknete Flüssigkeit oder in Staub. Das durch die Schuhsohle entfernte Material hinterlässt eine leere Stelle, die durchaus das Profilmuster und dessen Individualmerkmale widerspiegeln kann **(Substanzabhebung)**.

Das bloße Vorhandensein, ihre Art, die Lage am engeren und weiteren Tatort sowie die Anzahl der Profilmuster machen Schuhspuren selbstverständlich auch zu wertvollen Situationsspuren. Vor dem Hintergrund, dass mit Schuhsohlen Material vom Boden abgehoben wird, muss die Schuhsohle selbst auch als Spurenträger in Betracht gezogen werden.

Allgemeine Beweiskraft
Neben der Anzahl der Spurenverursacher können Schuhspuren sicherlich auch Auskunft über Auffälligkeiten im Gangbild der Person geben. Dabei handelt es sich in der Praxis allerdings um den gerne zitierten Ausnahmefall. Über das Profilmuster lässt sich meist der Hersteller des Schuhs, manchmal auch das Modell bestimmen, wenn der Hersteller für verschiedene Modelle unterschiedliche Profile verwendet. Der Sachverständige wird darüber hinaus beurteilen können, ob es sich um einen Damen-/Herrenschuh, einen Winter-/Sommerschuh, einen Sportschuh oder eine andere Schuhart handelt.

Bei Schuhsohlen, die komplett zur Abbildung gekommen sind, kann das Schuhaußenmaß festgestellt und darüber das Schuhinnenmaß, sprich die Schuhgröße, bestimmt werden. Bei allen möglichen Aussagen handelt es sich um klassische **Gruppenbestimmungen**, die natürlich gleichzeitig den **Ausschluss** aller nicht in Betracht kommenden Kriterien zur Folge haben. Für den Fall, dass regionale oder überörtliche Schuhspurensammlungen geführt werden, können **Sammlungsvergleiche** durchgeführt werden, mit dem Ziel, Tatzusammenhänge zu identifizieren. Wird eine Person einer Straftat beschuldigt, bei deren Begehung nach allgemeiner Erfahrung Schuhspuren gelegt werden, so können von deren Schuhen Vergleichsabdrücke gefertigt und mit der Schuhspurensammlung abgeglichen werden.

Kommen die Schuhe an verschiedenen Tatorten als Spuren verursachend in Betracht, schließt sich eine **vergleichende Untersuchung** an. Die vergleichende Untersuchung kann den tatverdächtigen Schuh als für die Spur verursachend eindeutig identifizieren. Die Rede ist dann vom **Individualbeweis**, der sich allerdings lediglich auf den Schuh und nicht auf dessen Träger bezieht.

Solange kein tatverdächtiger Schuh für eine vergleichende Untersuchung zur Verfügung steht, ist eine Aussage über individualcharakteristische Merkmale nicht möglich, da sich Auffälligkeiten im Spurenbild nicht zwangläufig auf Gebrauchs- oder individuelle Fertigungsmerkmale zurückführen lassen.

Zu berücksichtigen ist, dass ein Schuh sich nach Spurenlegung am Tatort durch Tragen kontinuierlich weiter verändert, sodass eine Identifizierung zunehmend schwieriger wird, wenn zwischen Tatbegehung und vergleichender Untersuchung eine zu große Zeitspanne liegt. Nach welcher Zeit verbindliche Aussagen noch möglich sind, hängt vom Einzelfall ab und kann nicht generell gesagt werden.

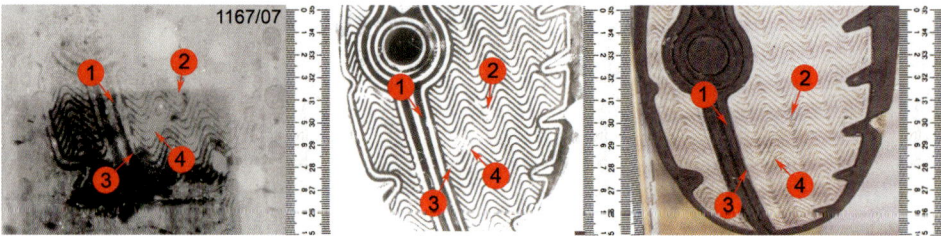

Abb. 62: Individualmerkmale in Tatortspur, Vergleichsabdruck und Schuhsohle (vergleichende Untersuchung)

Konkreter Beweiswert:
Der im Leitsachverhalt geschilderte Tatablauf gibt keine Hinweise auf möglicherweise vorhandene tatrelevante Schuhspuren.
Dennoch wird die Möglichkeit bei der Spurensuche selbstverständlich in Betracht gezogen. Der Beweiswert in Bezug auf die Klärung des in Rede stehenden Deliktes ist insbesondere von Qualität und Lage der Spuren abhängig. Analog des konkreten Beweiswertes daktyloskopischer Spuren wird zu klären sein, ob der Verursacher die Spuren als Berechtigter gelegt haben kann oder nicht.
Unabhängig vom Beweiswert im Einzelfall muss immer davon ausgegangen werden, dass auch der Nachweis der bloßen Anwesenheit am Tatort einen Baustein der Beweiskette darstellen kann, selbst wenn die Tatausführung selbst so nicht bewiesen werden kann. Indizien dieser Art bilden häufig die Grundlage für eine geschickte Vernehmungstaktik. Insofern sind alle Spuren auch dann zu sichern, wenn schon bei der Tatortarbeit erkennbar ist, dass die Erklärung der Spur für einen potenziellen Beschuldigten eine leichte Übung darstellen wird.

Spurensicherung

Grundlage für jede Art von Spurensicherung bildet die Spurensuche mit geeigneten Hilfsmitteln. Bereits vollständig zu erkennende Spuren müssen selbstverständlich nicht mehr sichtbar gemacht werden. **Schuhabdruckspuren** werden, wie bereits erläutert, durch Substanzübertragung oder Substanzabhebung gelegt. Substanzen wie Blut, Farbe, Staub oder Erdreich sind im Regelfall deutlich sichtbar. Die Mehrzahl aller Schuhspuren wird aber durch eine Kombination aus feinem Schmutz, Pflanzenfarbstoff, Fett und vor allem Feuchtigkeit gelegt. Sie sind insbesondere bei Regenwetter bzw. dann zu beobachten, wenn sich durch Nebel oder Morgentau Feuchtigkeit am Erdboden niederschlägt. Zwischen Tatbegehung und Spurensicherung liegen normalerweise mehr oder minder große Zeiträume, sodass die mit Feuchtigkeit gelegten Spuren aufgrund des Trocknungsprozesses nur noch rudimentär vorhanden sind.

Die großflächige Spurensuche kann in diesen Fällen vorzugsweise mit Hilfe von Streiflicht erfolgen, entweder unter Einsatz eines Querschnittwandlers (vgl. Abschnitt 2.5) oder durch eine leistungsstarke Taschenlampe. Eine zunächst kontaktfreie fotografische Sicherung erfolgt nach dem gleichen Prinzip. Die Kamera wird nach Anlegen eines Maßstabes senkrecht über der Spur positioniert und der Blitz so gehalten, dass der Lichtkegel parallel zur Oberfläche des Spurenträgers verläuft.

Das so erzeugte Streiflicht sorgt für Lichtbrechungen an den Bestandteilen der Spur und gewährleistet eine kontrastreiche Aufnahme, die alle erforderlichen Details enthält. Diese Arbeitsweise funktioniert nicht mit in Kameras integrierten Blitzlichtgeräten, weil Details der Spur durch den senkrechten Lichteinfall überblitzt werden. Die fotografierte Spur kann anschließend mit einem Adhäsionsmittel, z.B. Rußpulver, eingestäubt und so analog einer daktyloskopischen Spur wieder problemlos sichtbar gemacht werden. Schließlich erfolgt die eigentliche Sicherung, zunächst noch einmal fotografisch, dann mit Hilfe eines Folienabzugs.

In der Praxis wird zu diesem Zweck überwiegend weiße oder schwarze Gelatine-Folie eingesetzt, die es erlaubt, sowohl eingestäubte als auch Spuren abzuziehen, die in einem feinen Medium, wie z.B. Staub, gelegt wurden und bereits sichtbar sind. Da diese Art von Folien allerdings bei längerer Lagerung austrocknen, die zunächst an der Oberfläche haftende Spur ins Folieninnere diffundiert und damit nicht mehr sichtbar ist, muss sie innerhalb weniger Tage unter geeigneten Lichtbedingungen reproduziert, das heißt, fotografiert werden. Der Vollständigkeit halber sei an dieser Stelle erwähnt, dass sich mit Gelfolie gesicherte Spuren seitenverkehrt darstellen. Bei schwarzer Folie muss darüber hinaus eine Farbumkehrung berücksichtigt werden.

Anstelle von Gelatine-Folie kann auch transparente Folie verwendet werden, wie sie üblicherweise für die Sicherung daktyloskopischer Spuren genutzt wird.

Bei **Schuheindruckspuren** handelt es sich um dreidimensionale Spuren, die bei alleiniger fotografischer Sicherung auf zwei Dimensionen reduziert würden, sodass sich diese Art der Sicherung verbietet. Dreidimensionale Spuren sind, nachdem die notwendigen Übersichtsaufnahmen gefertigt wurden, abzuformen. Dazu wird seit Jahrzehnten Gips verwendet. Das hat sich bis heute nicht geändert. Geändert hat sich allerdings die Arbeitsweise vor Ort. Der Gipskoffer enthält heute Dental-Gips, der sich kinderleicht verarbeiten lässt und auch bei niedrigen Temperaturen und nicht exakter Dosierung zuverlässig abbindet. Aufwändiges Anrühren im Gipstopf gehört ebenso der Vergangenheit an, wie die Stabilisierung mit Stäbchen oder Gittern.

Gips und Wasser werden in einen Schnellverschlussbeutel gegeben und durch Kneten des Beutels von außen zu einem zähflüssigen Brei vermischt. Anschließend wird an der Unterseite des Beutels eine Ecke abgeschnitten, sodass ein Ausgießer entsteht, durch den die Gipsmasse aus möglichst niedriger Höhe in die Spur laufen kann.

Die Spur wird nun abgedeckt und kann in Ruhe abbinden. Liegt die Spur in einem instabilen Medium, z.B. Sand oder trockener Erde, muss sie vor der Abformung eventuell mit Haarspray oder Lackspray verfestigt, werden. Das Ausgipsen einer Schuheindruckspur dauert etwa fünf Minuten, die Abbindezeit richtet sich nach der Umgebungstemperatur, der Gipsart und dem Mischungsverhältnis zwischen Gips und Wasser.

Diese einfache und schnelle Handhabung gewährleistet eine hohe Akzeptanz und hat zu einem deutlichen Anstieg des Spurenaufkommens in diesem Bereich geführt.

Die fertige Gipsspur wird letztendlich vorsichtig vom Untergrund gelöst, beschriftet, Spuren schonend verpackt und mit einem Spurensicherungsbericht der KTU-Stelle zugeleitet. Natürlich gibt es noch eine Vielzahl von hier nicht näher beschriebenen Sicherungsmethoden, z.B. elektrostatische Verfahren, deren Einsatz sich im Einzelfall nach Art und Beschaffenheit der Spur richtet.

Vergleichsmaterial
Für jede Form von vergleichender Untersuchung mit dem Ziel der Identifizierung des Spuren verursachenden Schuhs oder für einen Berechtigtenausschluss müssen die infrage kommenden Schuhe im Original vorliegen. Nur anhand der Laufsohle selbst kann beurteilt werden, ob es sich bei Auffälligkeiten, die sich in der Spur zeigen, tatsächlich um Individualmerkmale handelt. Von den Schuhen werden dann entweder unter variierenden Gangbedingungen Vergleichsabdrü-

cke gefertigt oder, wenn es sich bei der Spur um eine Ausgipsung handelt, direkt Spur und Schuhsohle miteinander verglichen.

Soll eine Spur in die Schuhspurensammlung aufgenommen werden, so hat vorher in jedem Fall ein Berechtigtenausschluss zu erfolgen.

Für einen Sammlungsabgleich mit der Fragestellung, ob und an welchen Tatorten die Schuhe eines Tatverdächtigen bereits Spuren legend in Erscheinung getreten sind, genügt zunächst ein Vergleichsabdruck oder eine Kopie der Schuhsohlen, ohne dass der Originalschuh bei der Untersuchungsstelle vorliegen muss. Erst wenn die Sammlung potenzielle Treffer liefert, kann die Verifizierung nur mit Hilfe der Originalschuhsohle erfolgen (**vergleichende Untersuchung**).

Spurenauswertung

In Nordrhein-Westfalen obliegt die Begutachtung von Schuh- und Reifenspuren gemäß Erlasslage den bei den Kriminalhauptstellen eingerichteten kriminaltechnischen Untersuchungsstellen.[116] Die KTU-Stellen werden allerdings nicht zur Führung von **Schuhspurensammlungen** verpflichtet, sodass nur vereinzelte Untersuchungsstellen über eine solche, in der Regel regionale, Sammlung verfügen. Die Sammlungen werden heute durch Rechner unterstützt und mit Hilfe von speziellen Anwendungen geführt, die eine schnelle und präzise Recherche ermöglichen. Allerdings bedarf jede Spureneingabe und jede Abfrage einer speziellen Klassifizierung durch die Eingabekraft, ohne die ein Sammlungsvergleich nicht möglich wäre. Automatisierte Codierungen sind zurzeit noch die Ausnahme und zum Teil noch zu fehlerintensiv.

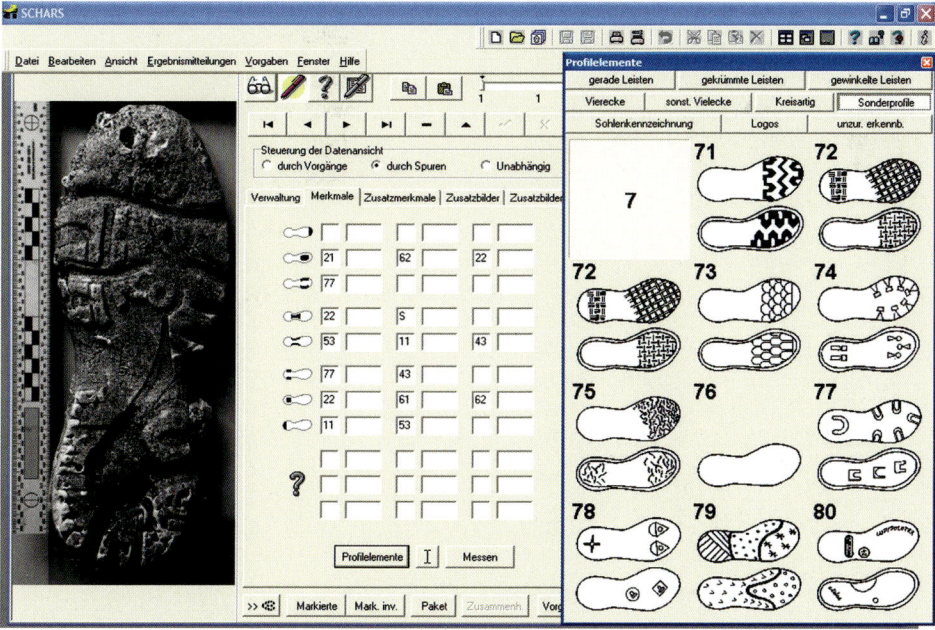

Abb. 63: *Rechnerunterstützte Schuhspurensammlung, hier „SCHARS"*[117]

---

[116] „Kriminaltechnische Untersuchungsstellen und Nachrichtensammelstellen". RdErl. des IM NRW – IV D1-6403 vom 06.07.1993 (MBl. NRW. S. 1282; Ber. S. 1679); geändert durch RdErl. vom 03.01.2008 (MBl. NRW. S. 12).
[117] SCHARS: Schuhspuren und -muster Auswertungs- und Retrievalsystem.

Abbildung 63 zeigt eine Bearbeitungsmaske aus „SCHARS". Links im Bild wurde ein Foto der zu recherchierenden Schuhspur hinterlegt, die im Original als Gipsabdruck vorliegt. In der Bildmitte befindet sich die Eingabemaske für die Klassifizierung. Die Maske zeigt, dass die Muster der einzelnen Sohlenbereiche anhand definierter Schlüsselzahlen beschrieben werden müssen. Die Schlüsselzahlen sind im System hinterlegt und stehen jeweils für vordefinierte Profilmusterelemente.

Im hier dargestellten Beispiel wird die Tatortspur klassifiziert und mit dem Ziel recherchiert, festzustellen, ob und an welchen Tatorten gleichartige Muster aufgetreten und gesichert worden sind.

Die gängigen Sammlungen bestehen einerseits aus eingespeicherten Tatortspuren und andererseits aus einer sogenannten **Referenzmustersammlung**, die im Idealfall alle auf dem Markt vorhandenen Profilmuster, deren Abarten und den dazu gehörenden Schuhen mit Hersteller und Typenangabe enthält.

Mit Hilfe der Referenzmustersammlung kann der Kriminaltechniker den sachbearbeitenden Dienststellen wertvolle Hinweise geben, welcher Schuhtyp Spuren verursachend war, um beispielsweise bei Durchsuchungsaktionen zielgerichteter selektieren zu können.

In der Praxis besteht durchaus die Möglichkeit, die Schuhe von Beschuldigten, die erkennungsdienstlich behandelt werden sollen, noch während der ED-Behandlung mit der Schuhspurensammlung abzugleichen.

Für den Fall, dass im Leitsachverhalt brauchbare Schuhspuren gesichert werden konnten, bietet sich folgende Vorgehensweise an:
Die gesicherte Spur wird der zuständigen KTU-Stelle zur Auswertung übersandt. Der Sachverständige kann im Idealfall anhand des Profilmusters, mit oder ohne Zuhilfenahme der Referenzmustersammlung den verursachenden Schuh mit den Angaben zu Hersteller, Typ und Schuhgröße benennen und der Sachbearbeitung entsprechende Lichtbilder zur Verfügung stellen.
Kann die Tatrelevanz der Spur anhand der Lage nicht eindeutig bestimmt werden, wird im Kreise der Berechtigten nach diesem Schuhtyp gesucht. Als berechtigte Spurenleger kommen die Geschädigte, deren Familie, Verwandtschaft, Freundes- und Bekanntenkreis, Handwerker, aber leider auch immer wieder Polizeibeamte, die vor der Spurensicherung am Tatort waren, in Betracht.
Existiert ein solcher Schuhtyp bei einem der Berechtigten, muss das Schuhpaar kurzfristig sichergestellt und der KTU für eine vergleichende Untersuchung zur Verfügung gestellt werden. Entweder können diese Schuhe im Ergebnis dann als Spuren verursachend ausgeschlossen oder identifiziert werden.
An dieser Stelle sei der Hinweis erlaubt, dass auch ein Berechtigter nicht zwingend als Täter ausgeschlossen werden kann. Wird dessen Schuh als Spurenleger identifiziert, ist in jedem Fall zu ermitteln, unter welchen Umständen die Spuren gelegt worden sind.
Parallel zum Berechtigtenausschluss erfolgt eine Recherche in der Schuhspurensammlung, um Hinweise auf eventuelle Zusammenhänge mit anderen Taten zu erhalten und der Sachbearbeitung so weitere Ermittlungsansätze liefern zu können.
Im Zuge der Ermittlungen gegen den Beschuldigten Horst Seemann wird die Durchsuchung seiner Wohnung angeordnet und durchgeführt. Mit Hilfe der

*Hinweise und dem Lichtbild aus der Referenzmustersammlung kann nunmehr gezielt nach einem bestimmten Schuhtyp Ausschau gehalten werden. Sollte ein solches Schuhpaar gefunden werden, bedarf es der Sicherstellung oder Beschlagnahme für die bei der KTU-Stelle durchzuführende vergleichende Untersuchung. Im Ergebnis steht schließlich wieder Ausschluss oder Identifizierung der Schuhe als Spuren verursachend. Im Falle der Identifizierung wird ein sogenanntes **Behördengutachten** gefertigt.*

Sollte das Profilmuster dieser Schuhe auch an anderen Tatorten gesichert worden sein, folgt mit jeder einzelnen Spur eine vergleichende Untersuchung. Unter Umständen kann auf diese Art und Weise eine Straftatenserie aufgeklärt werden. Für jede Untersuchung ist durch die Sachbearbeitung ein entsprechender Untersuchungsantrag zu fertigen.

4.2.2 Reifenab- und Eindruckspuren

Auch der Reifenmarkt veranlasst die Hersteller, regelmäßig neue Modelle zu entwickeln, die sich insbesondere in Breite und Profilmuster der Lauffläche unterscheiden. Ähnlich der Schuhsohlen sind die Laufflächenmuster oft spezifisch für die jeweiligen Hersteller bzw. für das Reifenmodell. Reifen sind ebenfalls Massenprodukte, denen erst im Zuge ihres Gebrauchs individualcharakteristische Merkmale hinzugefügt werden, sodass, kriminaltechnisch betrachtet, wiederum Unikate entstehen.

Spurenart
Reifenspuren werden, genau wie Schuhspuren, der Gruppe der Formspuren zugerechnet und liegen generell als Ab- und Eindruckspuren vor. Reifenabdrücke werden ebenfalls durch Substanzübertragung und -abhebung verursacht, allerdings führen Bewegungsenergie sowie Fahreigenschaften von Fahrzeug und Fahrzeugführer, insbesondere bei Verkehrsunfällen, zu Abdruckspuren, die durch Reifenabrieb auf der Fahrbahn entstehen.

Wie allen echten Spuren, kommt der Reifenspur natürlich auch Bedeutung als Situationsspur zu. Das gilt ganz besonders für Unfallspuren, weil sie nach den Gesetzmäßigkeiten der Fahrphysik entstehen, kaum maipulierbar sind und so wesentliche Aussagen zum Unfallgeschehen zulassen.

Allgemeine Beweiskraft
Über das Profilmuster und die Reifenbreite lässt sich der Hersteller und unter Umständen auch das Produktionsjahr des Reifens feststellen. Kommen bei Fahrzeugen mit mehr als zwei Rädern beide Reifen einer Achse zum Abdruck, kann zusätzlich die Spurweite vermessen und der verursachende Fahrzeugtyp ermittelt werden. Bei diesen Ermittlungsergebnissen handelt es sich um klassische Gruppenbestimmungen, die gleichzeitig den Ausschluss der nicht in Betracht kommenden Reifen und Fahrzeuge indiziert. Zeigen sich in Reifenspur und der Lauffläche des Reifens selbst individualcharakteristische Gebrauchsmerkmale, kann der Reifen eindeutig als Spuren verursachend identifiziert werden. Besondere Bedeutung kommt dieser Spurenart bei der Verkehrsunfallaufnahme zu. Reifenspuren geben wertvolle Hinweise auf Bewegungsrichtungen, gefahrene Geschwindigkeiten sowie auf mögliche Kollisionsstellen und lassen entscheidende Schlüsse auf die Unfallsache zu.

Da es sich bei Verkehrsunfallspuren um ein eigenständiges Spezialgebiet handelt, das nicht originär der klassischen Kriminaltechnik zugeordnet wird, verzichten die Autoren an dieser Stelle auf weitere Erläuterungen zu diesem Thema.

Konkreter Beweiswert
Der konkrete Beweiswert richtet sich nach den Fragestellungen im Einzelfall. Kann eine Reifenspur eindeutig einem bestimmten Reifen und damit einem Fahrzeug zugeordnet werden, beweist das lediglich die Anwesenheit des Fahrzeuges am Tatort.

Das Alter der Spur wird im Regelfall lediglich eingegrenzt werden können. In welchem Zusammenhang das Fahrzeug zur Tatausführung steht und wer es benutzt hat, bedarf weiterer kriminalistischer Ermittlungen und unter Umständen der kriminaltechnischen Untersuchung anderer Spurenarten.

Der Leitsachverhalt liefert keinerlei Hinweise auf mögliche Reifenspuren, so dass Ausführungen zum konkreten Beweiswert hier unterbleiben.

Spurensicherung
Für die Sicherung gelten im Wesentlichen die Grundsätze der Sicherung von Schuhspuren (Kapitel 4.2.1), wenngleich Reifenspuren im Regelfall nicht sichtbar gemacht werden müssen. Der Untergrund, sei es Asphalt, Bitumen oder Pflasterstein, eignet sich kaum für die Behandlung mit Adhäsionsmittel und anschließendem Folienabzug, insofern bleibt häufig nur die fotografische Sicherung von Abdruckspuren. Im Einzelfall mag ein Folienabzug aber durchaus möglich sein. Eindruckspuren werden analog der Schuhspuren mit Gips ausgegossen. Wenn möglich und im Spurenbild vorhanden, ist eine komplette Radumdrehung zu sichern.

Vergleichsmaterial
Die vergleichende Untersuchung mit dem Ziel der Identifizierung des Spuren verursachenden Reifens kann nur bei Vorliegen des Originalreifens durchgeführt werden. Das Untersuchungsergebnis wird in Form eines Behördengutachtens schriftlich niedergelegt.

Spurenauswertung
Wie bereits in Kapitel 4.2.1 dargelegt, werden Schuh- und Reifenspuren in NRW durch die KTU-Stellen begutachtet. Eine Sammlung zur Auswertung von Reifenspuren existiert nicht.

4.2.3 Werkzeugspuren[118]
Der Mensch benutzt in allen Lebenslagen Hilfsmittel, die ihm die Arbeit erleichtern: **Werkzeuge**. Insbesondere an Einbruchstatorten können regelmäßig Spuren von Werkzeugen gefunden werden, die der Täter zur Überwindung von Sicherungseinrichtungen eingesetzt hat. Zum Einsatz kommen sowohl **hebelnde** als auch **greifende** und **trennende** Werkzeuge bis hin zu **Spezialwerkzeugen** zur zerstörenden Überwindung von Schließzylindern. Diese Spezialwerkzeuge hinterlassen ihre Spuren häufig sowohl auf der äußeren Zylinderhälfte, auf dem Schließblech und im Inneren des Schließzylinders. Die Spuren sind dabei in Abhängigkeit vom Spurenträger und vom eingesetzten Werkzeug in der Regel für kriminaltechnische Auswertungen gut geeignet.

Spurenart
Neben ihrer Bedeutung als Situationsspuren für die Tatrekonstruktion liegen Werkzeugspuren generell als **technische Formspuren** vor. Werkzeugspuren lassen sich nach ihrer Spurenausprägung in **Schürfspuren (auch Scharten-**

---
[118] Kapitel 4.2.3 wurde mit fachlicher Unterstützung von Herrn Dipl.-Ing. (FH) Matthias Weber und Herrn KHK Minzenbach, Sachgebiet 52.2 LKA NRW gefertigt.

spuren oder Gleitriefen genannt) und **Eindruckspuren** einteilen. Drückt sich das Werkzeug eher statisch in die Oberfläche des Spurenträgers, so entstehen Eindruckspuren. Wird das Werkzeug unter Kraftaufwendung über die Oberfläche des Spurenträgers bewegt, so entstehen **Schürfspuren**. Die Begriffe „Schürfspuren, Gleitriefen und Schartenspuren" meinen im Prinzip dasselbe und werden analog verwendet. Der Wortbedeutung nach beschreibt der Begriff „Schürfspuren" die Entstehungsweise der Spuren (durch Abschürfen oder Abtragen) und der Begriff „Schartenspuren" das Aussehen der Spuren (die Spuren bestehen aus parallelen Scharten). Der Begriff „Gleitriefen" wird ebenfalls verwendet und beschreibt sowohl die Entstehungsart (durch Übergleiten der Oberfläche des Spurenträgers durch das Werkzeug) als auch die Ausprägung der Spur (Riefen).

Eine Einteilung nach der Entstehungsart in Hebelspuren, Spuren greifender Werkzeuge, Trennspuren, Spannspuren und sonstige Spuren ist ebenso möglich. Zu den Hebelwerkzeugen gehören beispielsweise Nageleisen (auch Kuhfuß genannt), Schraubendreher für Schlitzschrauben, Meißel und Ähnliches. Greifende Werkzeuge sind alle Zangenwerkzeuge wie Feststellzangen (Gripzangen), Wasserpumpenzangen, Rohrzangen und insbesondere Rollgabelschlüssel. Zu den Trennspuren werden die Spuren von Sägen, beißschneidenden Werkzeugen wie Bolzenschneidern und Seitenschneidern, aber auch Trennschleifern und Schneidbrennern gezählt. Spannspuren sind Eindruckspuren, die beispielsweise durch die Spannbacken eines Schraubstocks erzeugt werden. Und der Begriff „sonstige Spuren" umschreibt ein weites Feld denkbarer Werkzeugspuren. Beispielsweise können Folienschweißgeräte Schweißnähte erzeugen, anhand derer das Schweißgerät als Spurenverursacher eindeutig zugeordnet werden kann (z.B. bei BtM-Verpackungen). Zum Aufstemmen von Türen, Tresoren etc. verwendete Hydraulikstempel und -spreitzer können ebenfalls Spuren hinterlassen, die zur Identifizierung des Hydraulikwerkzeugs geeignet sind. Ebenso können Tabletten oder BtM-Blöcke der bei der Produktion verwendeten Presse zugeordnet werden.

Abb. 64: Schaufel vom Schraubendreher

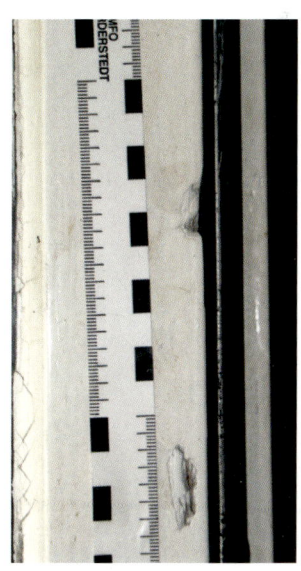

Abb. 65: Hebelmarken im Fensterrahmen

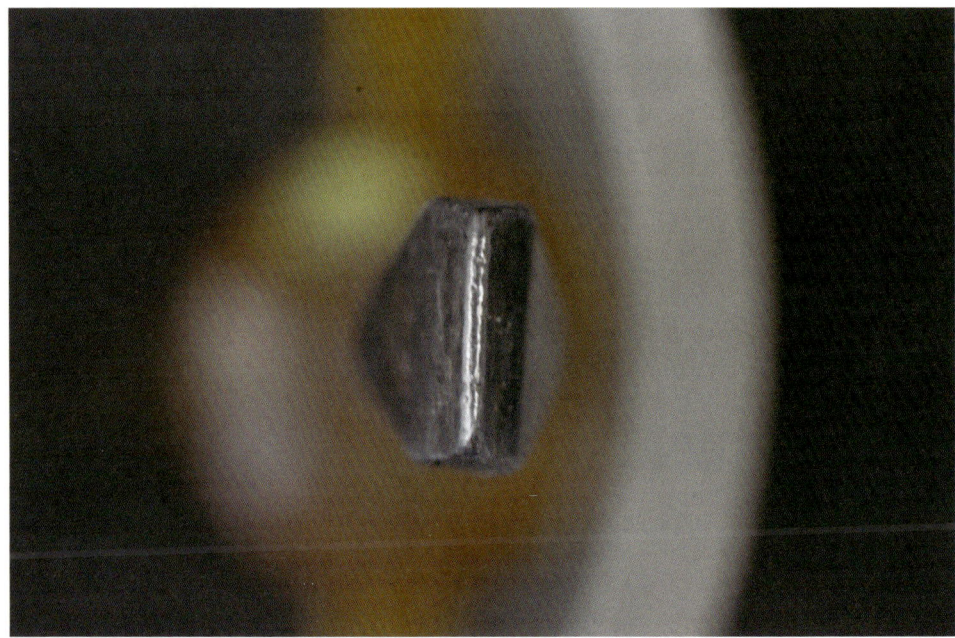

Abb. 66: Klinge vom Schraubendreher

Abb. 67: Gleitriefen Übersicht

Abb. 68: Gleitriefe Detail

Abb. 69: Kopf einer Polygripzange

Werkzeugspuren

Abb. 70: Zähne der Polygripzange

Abb. 71: Schließzylinder mit Griffspuren von Zangen *

Abb. 72: Doppelgabelschlüssel mit Spur *

---

* Abb. 71 und 72 wurden mit freundlicher Unterstützung des LKA NRW gefertigt.

Werkzeugspuren

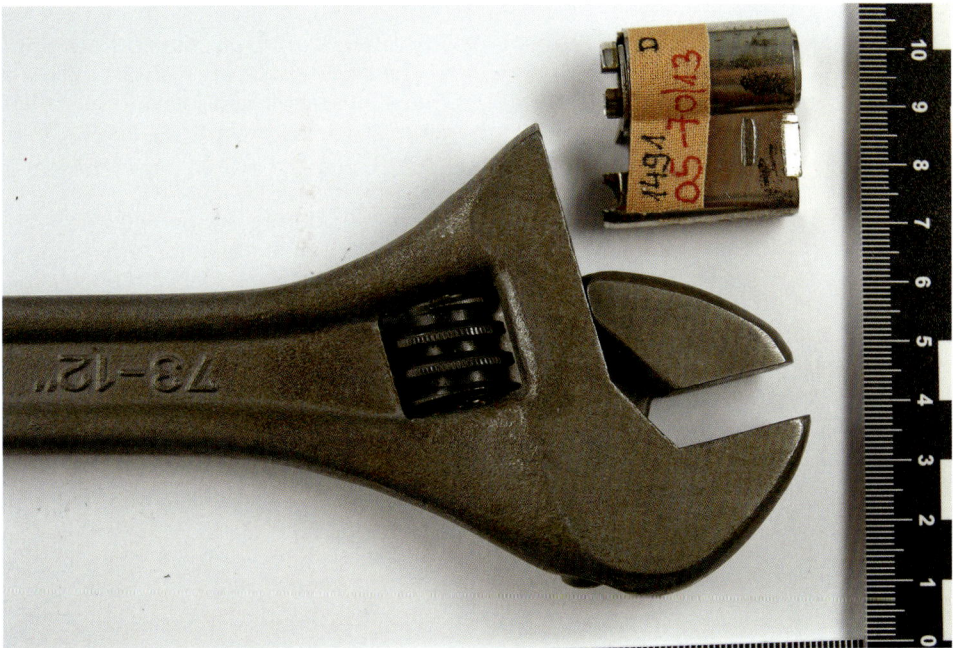

Abb. 73: Rollgabelschlüssel mit Spur *

Abb. 74: Spur von einem Brechwerkzeug auf Langschild *

* Abb. 73 und 74 wurden mit freundlicher Unterstützung des LKA NRW gefertigt.

Allgemeine Beweiskraft
Die Beurteilung, ob es sich bei Werkzeugspuren am Tatort um tatrelevante Spuren handelt, gestaltet sich normalerweise recht einfach, da sie sich als Situationsspuren meistens logisch in die Gesamtspurenlage einfügen lassen und einen wesentlichen Baustein der ersten Tathypothese (Rekonstruktion) bilden. Der Spurensicherer bestimmt zunächst, ob es sich um eine Hebelspur, eine Gleitspur, Spur eines Greif- oder Spezialwerkzeuges, eines trennenden oder eines anderen Werkzeuges handelt. Bei einer Hebelmarke ist über die Messung der Spurbreite sehr schnell eine Aussage möglich, ob ein Schraubendreher, etwa mit einer Schaufelbreite von einem Zentimeter, oder etwa ein Brecheisen oder Kuhfuß eingesetzt worden ist. Dabei ist jedoch Vorsicht geboten, da mit bloßem Auge nicht immer eindeutig festgestellt werden kann, ob die Spurenbreite der Breite der Wirkfläche des Spurenverursachers entspricht. Wird eine Schürfspur beispielsweise mit leicht verdrehter Wirkfläche erzeugt, so erscheint die Schürfspur schmaler als die Wirkflächenbreite. Gleiches gilt, wenn die Schürfspur nicht über die volle Wirkflächenbreite ausgeprägt ist.

Alle anfänglich möglichen Aussagen bewegen sich im Bereich der **Gruppenbestimmung** mit der Möglichkeit des Ausschlusses anderer Werkzeugtypen. Bei fachgerechter Sicherung können genauere Aussagen durch die Untersuchungsstelle des zuständigen Landeskriminalamtes [119] getroffen werden.

Das erste Ergebnis bleibt zunächst eine Gruppenbestimmung, konkretisiert aber bei ausreichend geeigneten Spuren die Werkzeugart, z.B. Kombizange, Wasserpumpenzange, Rohrzange und dergleichen. Bei den meisten Werkzeugen handelt es sich zwar um in Serie hergestellte Massenprodukte, die allerdings im Regelfall bereits durch die Fertigung individuelle Merkmale tragen können. Das gilt insbesondere für Werkzeuge, die nach ihrer Ausformung einer Nacharbeitung, z.B. durch Schleifen, unterzogen werden, sei es von Hand oder auch maschinell. Auch durch den Gebrauch des Werkzeuges, sei er nun bestimmungsgemäß oder nicht, werden weitere für eine **Identifizierung** zwingend notwendige Merkmale hinzugefügt.

Werkzeuge, die häufig in Gebrauch sind bzw. mit denen härtere Materialien bearbeitet werden oder die mechanisch nachbehandelt werden, etwa durch Schleifen oder Schärfen, erhalten immer wieder neue Individualmerkmale bzw. werden den Werkzeugen dadurch die ursprünglichen Merkmale entfernt. Durch diese Veränderung kann eine Zuordnung als Spur verursachendes Werkzeug nicht mehr erfolgen.

Weiche Metalle, Kunststoffe, aber auch Holz eignen sich in den meisten Fällen sehr gut als Träger von Werkzeugspuren. Werkstoffe, die härter sind als die Wirkfläche des Werkzeugs eignen sich kaum als Spurenträger, da bei der Spurenentstehung das Werkzeug verändert wird. Prinzipiell sollten aber immer alle erkennbaren Spuren gesichert werden. Erst unter dem Mikroskop ist eindeutig erkennbar, ob eine Spur auswertbar ist oder nicht. Wichtig ist, dass die Spur in guter Qualität (keine Luftblasen und ausreichend ausgehärtet) gesichert wird.

Liegen Tatortspuren **und** ein mögliches verursachendes Werkzeug vor, muss ebenfalls die Prüfung im Einzelfall entscheiden, ob eine werkzeugspurenkundliche Vergleichsuntersuchung kriminalistisch verwertbare Ergebnisse liefert oder nicht.

---

119 Untersuchungsstelle für Werkzeugspuren beim LKA NRW: Sachgebiet 55.2 des kriminaltechnischen Institutes.

Abb. 75: Vergleich Spur-Tatwerkzeug *

Nach der Durchführung der Vergleichsuntersuchung mit dem Ziel des Ausschlusses oder der Identifizierung eines bestimmten Verursachers werden die dabei festgestellten Ergebnisse nach einer sechsstufigen Bewertungsskala für Formspurenuntersuchungen bewertet.

---

* Abb. 75 mit freundlicher Unterstützung des LKA NRW gefertigt.

Stufe	Verbale Form	Kriterien
1	**steht fest** (Identifizierung)	Eindeutige Zuordnung (Identifizierung) eines bestimmten Gegenstandes als Verursacher einer Spur anhand übereinstimmender Kriterien individualisierenden Charakters. Qualität und / oder Quantität der Merkmale der Untersuchungsobjekte überzeugen.
2	**spricht in hohem Maße dafür** (sehr wahrscheinlich)	Gruppenmerkmale stimmen überein. Darüber hinaus sind individualisierende Merkmale vorhanden, die aufgrund der Ausprägung und oder Anzahl keine zweifelsfreie Identifizierung zulassen. Qualität und / oder Quantität der Merkmale der Untersuchungsobjekte sind eingeschränkt.
3	**spricht dafür** (wahrscheinlich)	Neben überwiegend gruppenspezifischen Merkmalen stimmen einzelne individualisierende Merkmale überein, deren Qualität jedoch unzureichend ist.
4	**kann weder identifiziert noch ausgeschlossen werden** (nicht entscheidbar)	Neben vorhandenen gruppenspezifischen Merkmalen sind keine individualisierenden Merkmale feststellbar. Auch aufgrund von Veränderungen der / des Untersuchungsobjekte / s ist eine Identifizierung oder ein Ausschluss nicht nachweisbar.
5	**spricht eher dagegen** (unwahrscheinlich)	Es sind Abweichungen von gruppenspezifischen und / oder individualisierenden Merkmalen vorhanden. Ein Ausschluss kann aufgrund der nicht ausreichenden Qualität und / oder Quantität der Merkmale der Untersuchungsobjekte nicht erfolgen.
6	**ist auszuschließen** (Ausschluss)	Es liegen keine Zweifel vor, dass die Merkmale der Untersuchungsobjekte nicht übereinstimmen. Ausschluss eines bestimmten Gegenstandes anhand nicht übereinstimmender Kriterien gruppenspezifischen und / oder individualisierenden Charakters.

Abb. 76: Ergebnisbewertungsskala Werkzeugspuren

Greifende Werkzeuge
Abbildung 77 Ziffer ① kennzeichnet beispielhaft eine Wasserpumpen-(Polygrip-) und eine Kombi-Zange.
Trennende Werkzeuge
In der Abbildung 77 sind zwei zu dieser Kategorie gehörende Zangen, Kneifzange und Seitenschneider (Ziffer ②) dargestellt. Ebenso gehören Messer, die beispielsweise beim Zerstechen von Kfz-Reifen zum Einsatz gelangen, zu den trennenden

Werkzeugen. Stichspuren in Kfz-Reifen können meist sehr gut dem Spurenverursacher zugeordnet werden. Sägen sind eher bedingt zur Identifizierung geeignet; Trennscheiben und Schneidbrenner, die ebenfalls zu dieser Gruppe zählen, sind **nicht zu identifizieren**.

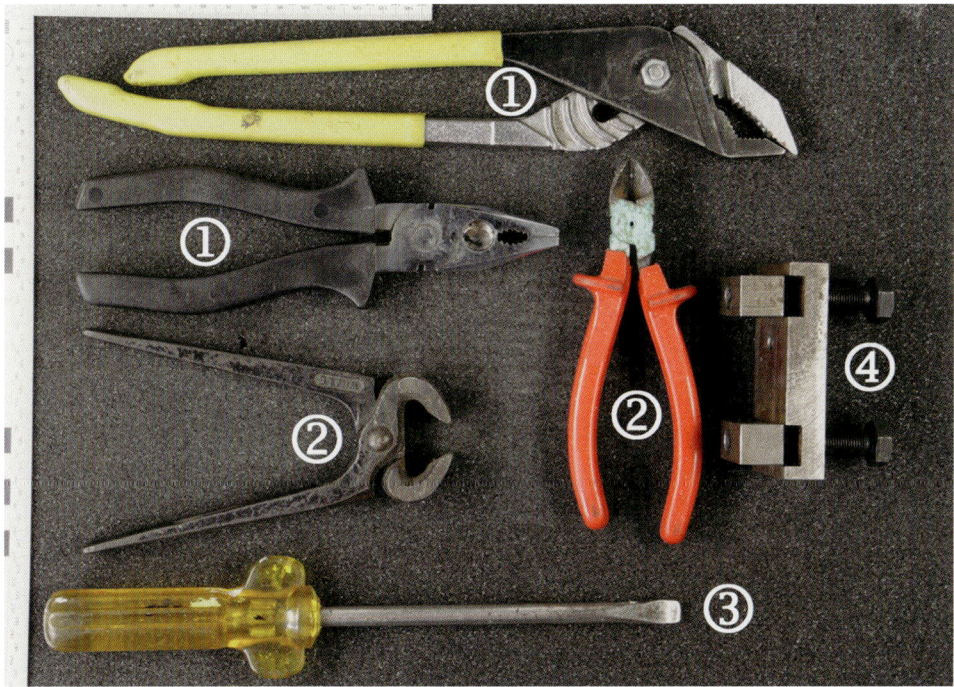

Abb. 77: *Übersicht über einige gängige Werkzeuge*

Hebelnde Werkzeuge
Bei dem abgebildeten Schraubendreher handelt es sich um das am häufigsten zur Begehung von Einbruchsdelikten verwendete Werkzeug (Ziffer 1). Eingesetzt werden aber auch Brecheisen, Kuhfuß und Meißel. Ihre Identifizierbarkeit hängt, wie oben dargelegt, wesentlich von Art und Dauer ihrer Verwendung ab.

Bohrende Werkzeuge
An dieser Stelle sind generell alle Arten von Bohrern gemeint. Das Aufbohren von Fenstern, Türen, Schließzylindern und Schränken stellt eine durchaus verbreitete Einbruchmethode dar. Bohrspuren sind nur dann für eine werkzeugspurenkundliche Vergleichsuntersuchung geeignet, **wenn der Bohrgrund in der Spur vorhanden ist, der Bohrer den Spurenträger also nicht komplett durchbohrt hat.** Für den Fall, dass am Tatort abgebrochene Teile von Bohrern zurückbleiben, besteht die Möglichkeit, sie ihren Gegenstücken über die Bruchkanten als **Passstücke** zuzuordnen.

Spezialwerkzeuge
Eine Reihe von Spezialwerkzeugen wird speziell für die Einwirkung auf Schließzylinder gefertigt. Abbildung 77 zeigt unter Ziffer ④ als Beispiel ein **"Ziehfix". Die Spuren dieser Geräte sind werkzeugspezifisch und ermöglichen generell eine Identifizierung.** Die Identifizierung von sogenannten "Lockpicking"-

geräten oder -werkzeugen gelingt in den meisten Fällen nicht. Hier kann häufig jedoch nachgewiesen werden, dass ein solches Gerät zum Einsatz gekommen ist.

Im LKA NRW wird eine **Werkzeugspurensammlung** geführt, in die ausschließlich Spuren umgreifender Werkzeuge aufgenommen werden. Hebelspuren werden dort beispielsweise nicht gesammelt, weil der erforderliche Untersuchungsaufwand in keinem Verhältnis zum zu erwartenden Erfolg steht.[120] Zudem können mit Hebelwerkzeugen eine Vielzahl unterschiedlicher Spurenbilder erzeugt werden, da die Ausprägung der Spur vom Anstellwinkel des Werkzeugs abhängt. Greifende Werkzeuge wie Rollgabelschlüssel oder Zangen können meist nur unter einem bestimmten Winkel angreifen und erzeugen daher vergleichbare Spurenbilder. Spuren solcher Werkzeuge eignen sich daher zur Sammlung.

Das LKA NRW hat eine Liste von Werkzeugen veröffentlicht, deren Spuren generell in die Sammlung eingepflegt werden:

01: **Spuren von grob gezahnten Werkzeugen (z.B. Rohrzangen)**

02: **Spuren von fein gezahnten Werkzeugen (z.B. Wasserpumpenzangen)**

03: **Spuren von Gripzangen (auch Feststell- oder Festhaltezange)**

04: **Spuren von sonstigen gezahnten Werkzeugen (z.B. Kombinationszangen, Flachzangen, o.ä.)**

05: **Spuren von Rollgabelschlüsseln**

06: **Spuren von Maulschlüsseln (einer oder mehrere zusammengepackte oder geschweißte Maul-Gabelschlüssel)**

07: **Spuren von Werkstücken mit einer Ausnehmung in Form eines Profil-, Oval- oder Rundzylinders (auch Passstücke oder Spezialabbrechwerkzeuge genannt)**

08: **Spuren von Ziehfix-Geräten (gewerbliche und Selbstbaugeräte)**

Den größten Anteil der eingesendeten Spurenträger nehmen die Rollgabelschlüssel (Kategorie 05) mit ca. 80 % ein.

Ziel der Werkzeugspurensammlung ist das Erkennen und Beweisen von regionalen und überregionalen Tatzusammenhängen. Treten an mehreren Tatorten mit ähnlich gelagertem Modus Operandi immer wieder gleichartige Spuren von Werkzeugen auf, die nicht in die Sammlung aufgenommen werden, können sie der Untersuchungsstelle dennoch mit dem Antrag übersandt werden, das Spurenmaterial auf Tatzusammenhänge hin zu untersuchen.

Sowohl Werkzeuge als auch deren Spuren am Tatort können selbstverständlich wiederum Spurenträger sein. An Werkzeugen können regelmäßig daktyloskopische, serologische und sonstige Materialspuren nachgewiesen werden. Insbesondere greifende Werkzeuge hinterlassen in der Werkzeugspur auch Partikel ihres Eigenlackes, der als Materialspur gesichert werden sollte.

Konkreter Beweiswert
Der Beweiswert im Einzelfall richtet sich nach der Tatrelevanz, die, wie bereits dargelegt, schon aufgrund der Lage und der Gesamtsituation relativ einfach zu

---
120 Infoblatt des LKA NRW, Sachgebiet 55.2, Stand 04/2009.

beurteilen sein dürfte. Selbst bei für eine Auswertung hervorragend geeigneten Spuren und vorliegendem Tatwerkzeug kann lediglich bewiesen werden, welches Werkzeug die Spur verursacht hat. Welche Person das entsprechende Werkzeug zur Tatzeit benutzt hat, muss auf andere Art und Weise ermittelt und bewiesen werden.

Im vorliegenden Leitsachverhalt wurde festgestellt, dass der Sicherungskasten mehrere Hebelmarken von etwa 10 mm Breite aufweist, die von einem Schraubendreher stammen könnten, mit dem der unbekannte Täter den Sicherungskasten zur Vorbereitung des hier in Rede stehenden Sexualdeliktes aufgehebelt hat.

Vom Sicherungskasten werden Übersichtsaufnahmen gefertigt, die insbesondere die Lage der Werkzeugspuren erkennen lassen. Die Hebelmarken selbst werden im Detail mit Maßstab fotografiert und anschließend abgeformt.

Vom Lack des Sicherungskastens werden aus verschiedenen Bereichen nahe der Hebelmarken Materialproben genommen.

(Siehe auch Abschnitt „Spurensicherung")

Bei der Wohnungsdurchsuchung des Beschuldigten Horst Seemann werden mehrere Schraubendreher sowie eine Polygripzange (siehe Abb. 77 Ziffer ①) gefunden.

Herr Seemann ist bereits wegen bewaffneten Raubes auf eine Tankstelle und wegen sexueller Nötigung in Erscheinung getreten. Er scheut sich offenbar nicht, zur Tatausführung Behältnisse aufzubrechen, in fremde Räumlichkeiten einzudringen und eventuell auch einzubrechen.

Aus diesem Grunde werden alle Werkzeuge als Beweismittel beschlagnahmt.

Die Schraubendreher und die abgeformten Hebelspuren werden mit Antrag auf Erstellung eines Behördengutachtens über die zuständige KTU-Stelle dem kriminaltechnischen Institut des LKA NRW, Sachgebiet 55.2, mit der Bitte übersandt, festzustellen, ob einer der beiliegenden Schraubendreher die Hebelmarken am Sicherungskasten verursacht hat. Für den Fall, dass keiner der Schraubendreher als Spurenleger identifiziert werden kann, soll untersucht werden, ob das verursachende Werkzeug näher bestimmt werden kann. Darüber hinaus soll untersucht werden, ob einem oder mehreren Schraubendrehern Lackreste anhaften, die vom Sicherungskasten stammen. Für diese Untersuchung werden die o.g. Materialproben dem Untersuchungsantrag beigefügt.

Hinsichtlich der Polygripzange wird die Feststellung beantragt, ob sich in der dort geführten Werkzeugspurensammlung Spuren anderer Tatorte befinden, die durch diese Zange verursacht worden sind.

Spurensicherung
Lage, Anzahl und Art der Spuren sind natürlich vor der eigentlichen Sicherung fotografisch zu dokumentieren, vorzugsweise unter Anlegen eines Maßstabes.

Insbesondere für die Sicherung von Werkzeugspuren gilt, dass die gegenständliche Asservierung des Spurenträgers anzustreben ist. Leider besteht gerade bei dieser Spurenart oft nicht die Möglichkeit der Sicherung im Original, weil sich die Spuren an Türen und Fenstern befinden. Teile von Schließzylindern, Schließriegel oder Schließbleche lassen sich am Tatort normalerweise problemlos ausbauen und asservieren. Alle anderen Spuren müssen auf einen Hilfsspurenträger übertragen werden. Die kriminaltechnischen Dienststellen nutzen für diese

Zwecke Abformmasse, die aus zwei Komponenten, Grundmasse und Härter, angemischt werden muss. Ob nun Material verwendet wird, das althergebracht angerührt werden muss oder ein Dispenser, der die Abformmasse bei Druck auf den Auslösemechanismus automatisch aus zwei aufgesteckten Kartuschen anmischt (Abb. 78), ist mehr eine Philosophiefrage, denn eine Frage der Qualität. Die Verwendung von Dispensern ist vergleichsweise einfach, schnell und wenig anfällig für Handhabungsfehler und eignet sich daher am ehesten zum Einsatz am Tatort. Der Nachteil dieses Systems ist, dass das Mischungsverhältnis von Härter und Abformmasse nicht beeinflusst und auf die Temperatur am Tatort eingestellt werden kann. Für tiefere Temperaturen liefert der Markt jedoch spezielle Abformmassen, die auch bei Temperaturen um den Gefrierpunkt noch zeitnah aushärten.

Entscheidend ist, dass die Masse in jede Einzelheit der Spur läuft, ohne Luftblasen einzubinden. Je nach Temperatur, Hersteller und Anteil des Härters härtet das Material in 2 bis 30 Minuten vollständig zu einer elastischen Silikonkautschukmasse aus und kann ohne Schwierigkeiten aus der Spur entfernt werden. Misslingt die Abformung, so kann sie beliebig oft wiederholt werden. Insbesondere muss darauf geachtet werden, dass der Spuren tragende Bereich vollständig abgeformt wird, sich keine Luftblasen in relevanten Bereichen der Abformung befinden und, dass die Abformmasse vollständig ausgehärtet ist, bevor die Abformung vom Spurenträger abgezogen wird.

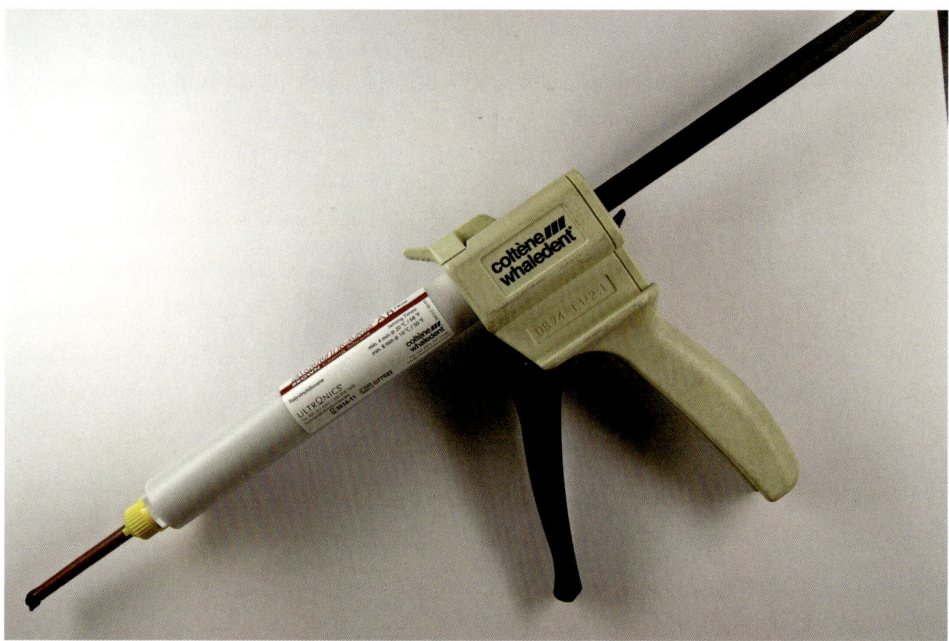

Abb. 78: Zweikomponentenabformmasse *

Die Abformung ist nun Spuren schonend zu verpacken. Dabei darf sie keinesfalls luftdicht in Kunststoff verpackt werden, da sich das Material dadurch zersetzen kann. Optimaler Weise werden Abformungen auf beschriftetem Karton befestigt und in Papier oder Pergamin verpackt.

---

* Abb. 78 wurde mit freundlicher Unterstützung des LKA NRW gefertigt.

Da es sich bei Werkzeugspuren um Formspuren handelt, deren Auswertung auf drei Dimensionen, Länge, Breite und Tiefe, basiert, reicht die simple, weil zweidimensionale, fotografische Sicherung für eine Auswertung nicht aus und verbietet sich infolgedessen.

Vergleichsmaterial

Für vergleichende Untersuchungen muss der Untersuchungsstelle zwingend das infrage kommende Vergleichswerkzeug vorliegen. Dort werden dann nach gutachterlichen Gesichtspunkten Vergleichsspuren (Abb. 79) gelegt und mit der Tatortspur mikroskopisch (Abb. 80) verglichen. Zur Zusammenführung von einzelnen Taten zu einer Serie (Tatzusammenhänge) können Spur-Spur-Vergleiche durchgeführt werden. Die Untersuchungsstelle benötigt dazu die an den verschiedenen Tatorten gesicherten Originalspurenträger oder gefertigte Abformungen. Lichtbilder reichen für diese Zwecke keinesfalls aus.

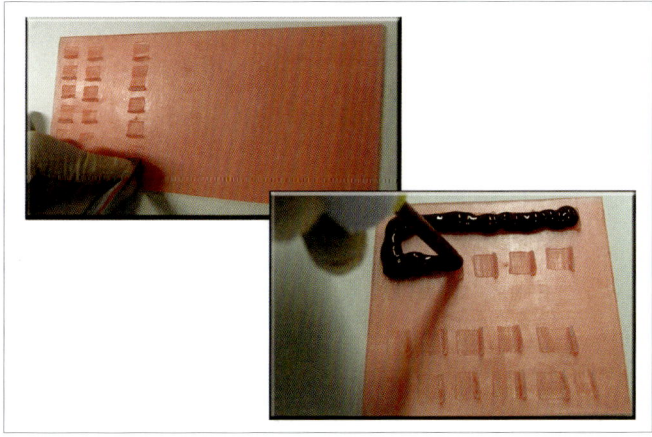

Abb. 79: Erzeugen und Abformen von Vergleichsspuren *

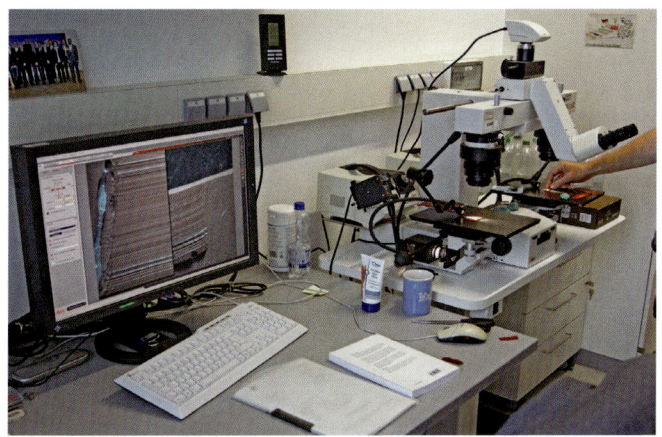

Abb. 80: Vergleichsmikroskop *

---

* Abb. 79 und 80 wurden mit freundlicher Unterstützung des LKA NRW gefertigt.

Spurenauswertung
In NRW sind die ablauforganisatorischen Gesichtspunkte im Zusammenhang mit der Auswertung von Werkzeugspuren per Erlass geregelt.[121] Gesichertes Spurenmaterial und sichergestellte Werkzeuge werden in der Regel mit einem Spurensicherungsbericht der sachbearbeitenden Dienststelle übersandt. Der/die Sachbearbeiter(in) entscheidet anhand des aktuellen Sachstandes, ob das vorliegende Material untersucht werden soll und welche Auswertungen angestrebt werden. Allgemeine Falldaten, ein kurzer Sachverhalt, die angestrebten Untersuchungsziele und die Auflistung des zu untersuchenden Materials werden nun schriftlich in Form eines Antrages auf Erstellung eines Behördengutachtens unter Beifügung des Untersuchungsmaterials an die kriminaltechnische Untersuchungsstelle (KTU) gesandt. Dort wird der Antrag auf Vollständigkeit, Sinngehalt und präzise Formulierung der Untersuchungsziele hin geprüft und anschließend an die eigentliche Untersuchungsstelle, in diesem Fall an das LKA NRW, Sachgebiet 55.2 des KTI, weitergeleitet. Nach durchgeführter Untersuchung wird dort ein Behördengutachten erstellt und auf dem Postweg über die KTU-Stelle zurück an die sachbearbeitende Dienststelle gesandt.

Besonderheit Profil-Schließzylinder
Profil-Schließzylinder bestehen meist aus zwei Hälften, die über einen schmalen Steg zusammengehalten werden, in dem sich das Gewinde der Stulpschraube befindet. Über die Stulpschraube wird der Zylinder in der Tür befestigt. Die Materialstärke des Stegs beträgt im Bereich des Stulpgewindes nur wenige Millimeter und stellt eine wesentliche Schwachstelle dar. Spezialwerkzeuge, die von außen auf den Schließzylinder einwirken, sind darauf ausgelegt, die Verbindung zwischen den Zylinderhälften zu beseitigen, sei es durch Bruch oder Zug. Das gleiche Ergebnis erzielt man durch den Einsatz von Rollgabelschlüsseln oder größeren Zangen, die am überstehenden Teil der äußeren Zylinderhälfte angesetzt werden und sie am Stulpschraubengewinde von der inneren Hälfte abbrechen.

Wie in den Abbildungen 71 bis 73 deutlich zu erkennen ist, handelt es sich bei der abgebrochenen (meist äußeren) Zylinderhälfte um einen ausgezeichneten Träger von Werkzeugspuren. Der Spurenträger bleibt häufig am Tatort zurück und ist im Original sicherzustellen.

Oftmals zeigen sich auch Werkzeugspuren auf dem äußeren Langschild bzw. der Schlossrosette (Abb. 74), deren gegenständliche Sicherung ebenfalls anzustreben ist. Kann der äußere Zylinder im Bereich des engeren Tatortes nicht gefunden werden, lohnt sich die Suche danach, zum Beispiel in Mülleimern, Grünanlagen oder Blumenkübeln, weil diese Spurenträger häufig von Tätern unmittelbar nach Verlassen des Tatortes weggeworfen werden.

Einige Spezialwerkzeuge gehen eine feste Verbindung mit dem äußeren Zylinder ein, z.B. durch Verschraubung (sogenannte **Ziehfixe oder Kernziehvorrichtungen**). In bestimmten Werkzeugen bleiben die abgebrochenen Hälften zurück, wie etwa bei Werkzeugen, die eine Ausnehmung in Form von Profil- oder Rundzylindern haben (Spezialabbrechwerkzeuge). Täter machen sich dann am Tatort in der Regel nicht die Mühe, Werkzeug und Zylinder wieder zu trennen. Das geschieht eher anschließend im Unterschlupf, Fahrzeug, Wohnung, Garage, Keller oder Gartenlaube. Die Zylinderhälften werden dann möglicherweise über einen längeren Zeitraum nicht entsorgt und können bei möglichen Durchsuchungs-

---
121 „Kriminaltechnische Untersuchungsstellen und Nachrichtensammelstellen", RdErl. des IM NRW – IV D1-6403 vom 06.07.1993 (MBl. NRW. S. 1282; Ber. S. 1679), geändert durch RdErl. vom 03.01.2008 (MBl. NRW. S. 12).

aktionen durchaus als Beweismittel (Passstück) gefunden und beschlagnahmt werden. Der in der Literatur manchmal zu findende Hinweis auf eine mögliche Trophäensammlung von Einbrechern ist den Autoren so in der Praxis noch nicht begegnet aber eben auch nicht ausgeschlossen. Die Schwierigkeit besteht im Falle eines solchen Fundes darin, die aufgefundenen Zylinderhälften konkreten Einbruchstatorten zuzuordnen.

Abb. 81: An der Stulpschraube durchgebrochener Schließzylinder

Wird bei der Tatortarbeit also festgestellt, dass der Täter sich Zugang zum Objekt durch Abbrechen des Schließzylinders verschafft hat, und die äußere Zylinderhälfte kann nicht gefunden werden, dient die in der Tür zurückgebliebene innere Hälfte als **Passstück** und ist durch die Spurensicherung auszubauen und sicherzustellen. Das geschieht durch Herausdrehen der Stulpschraube und einfaches Herausziehen des Zylinders, was den Kriminaltechniker kaum vor große Schwierigkeiten stellt. Die Zylinderhälfte und der passende Schlüssel sind für die Geschädigten meist wertlos, es sei denn, es handelt sich um Schlüssel zu einer Schließanlage. Es wird empfohlen, wenn möglich, die innere Zylinderhälfte mitsamt Schlüssel sicherzustellen, weil es die Zuordnung eventueller bei Durchsuchungen gefundener äußerer Zylinder wesentlich erleichtert.

Der innere Zylinder kann in der zuständigen KTU-Stelle in die dort geführte Passstücksammlung aufgenommen, unter den entsprechenden Falldaten registriert werden und steht somit für mögliche Untersuchungen zur Verfügung.

Vermehrt werden an Tatorten Arbeitsweisen beobachtet, die mit Nachschlüsseln oder schlüsselähnlichen Werkzeugen den Schließmechanismus von Zylindern überwinden.

Dabei nutzen sogenannte **Lockpicking**-Werkzeuge gezielt Schwachstellen aufgrund von Fertigungstoleranzen aus. Bei allen Arbeitsweisen werden Werkzeuge in den Schließkanal eingeführt, um die Stiftzuhaltungen zu betätigen. Die verwendeten Werkzeuge verursachen Spuren, die zwar für die Werkzeugart spezifisch sind, eine Identifizierung des einzelnen Werkzeuges gelingt aber in den meisten Fällen nicht. Somit kann häufig lediglich die Begehungsweise an sich nachgewiesen werden.

Zu diesem Zweck ist der in Rede stehende Zylinder der Untersuchungsstelle im Original zu übersenden. Die Innen- und Außenseite müssen dabei unbedingt kenntlich gemacht werden. Zudem müssen alle vorliegenden Schlüssel (ggf. nach Herkunft beschriftet) mit eingesendet werden. Zur Untersuchung werden Schließzylinder, wie in Abbildung 82 dargestellt, zerstörend in alle Einzelteile zerlegt und systematisch nach spezifischen Spuren untersucht.

Abb. 82: Zerlegter Schließzylinder (Picking) *

Werkzeugspuren in humanem Gewebe
In den letzten Jahren wurde das Spektrum der werkzeugspurenkundlichen Untersuchungen um den Bereich humane Knochen und Knorpel erweitert. Werkzeugspuren in Knorpel und Knochen, hervorgerufen z.B. durch Stich- und Schnittverletzungen mittels Messer, Hiebverletzungen mittels Beil oder Ähnlichem, Hammerspuren, Bohrspuren etc. können ggf. zu werkzeugspurenkundlichen Untersuchungen herangezogen werden. Auch Knorpel und Knochen können Werkzeugspuren tragen, anhand derer sogar die Identifizierung des Tatwerkzeugs möglich ist. Beispielsweise kann im Bereich der scharfen Gewalt das Tatmesser einer Stichverletzung im knorpeligen Bereich der Rippen dieser zugeordnet werden. Bei halbscharfer Gewalt auf Knochen kann ggf. das Tatwerkzeug der

---

* Abb. 82 wurde mit freundlicher Unterstützung des LKA NRW gefertigt.

Hiebspur (z.B. Axthieb auf Schädelknochen) zugeordnet werden. Die Untersuchungsmöglichkeiten im Einzelfall und auch die Spurensicherung kann mit dem Sachgebiet 55.2 „Werkzeug- und sonst. Formspuren" des LKA NRW im Vorfeld abgesprochen werden.

Prinzipiell können Werkzeugspuren in Knorpel und Knochen durch Abformen gesichert werden. Je nach Zustand der Spurenträger ist eine Reinigung, das Entfetten, Trocknen oder gar Mazerieren notwendig.

4.2.4 Prägezeichen[122]

Allgemeines

Die Entfernung von Kennzeichnungen, z.B. geprägter Individualnummern, zum Zwecke der Verschleierung der wahren Identität und Herkunft eines Gegenstandes oder zum Zwecke der Verhinderung der Strafverfolgung stellt nach wie vor eine gängige Arbeitsweise dar, sowohl von professionellen Banden als auch von laienhaft agierenden Einzeltätern oder Tätergruppen.

Vor allem der Handel mit gestohlenen Fahrzeugen und Fahrzeugteilen aller Art erfordert eine Veränderung der Individualnummern (FIN[123]), um den Fahrzeugen eine neue Identität zu verleihen.

In der Fallarbeit begegnet man meist in metallische Oberflächen eingeprägten Kennzeichnungen, die auf diverse Arten entfernt oder unkenntlich gemacht wurden. Aber auch nicht eingeprägte, sondern beispielsweise gelaserte, geritzte oder rollierte Kennzeichnungen lassen sich ggf. wieder sichtbar machen. Auch beschränkt sich diese Methode nicht nur auf Metalle, sondern kann ebenfalls in Kunststoffen zum Erfolg führen.

Beim Prägen in metallische Gegenstände werden Zeichen in die Oberfläche gedrückt, sodass sich Vertiefungen ergeben, unter denen das Gefüge des Metalls beeinflusst wird.[124] Die Körner des Metalls werden gestreckt und zertrümmert und das Metall wird durch die Verformung im „kalten" Zustand verfestigt. Beim Prägen in Kunststoffen werden die Makromoleküle des Kunststoffs gestreckt. Beim Lasern, Ritzen, Rollieren und ähnlichen Verfahren wird ebenfalls das Material unterhalb der Kennzeichen beeinflusst, jedoch in geringerem Maße, als beim Prägen, was die Chancen einer erfolgreichen Wiedersichtbarmachung verringert.

Die Veränderung von Kennzeichnungen kann nur mechanisch erfolgen, in dem einige der ursprünglichen Zeichen abgeschliffen und ggf. anschließend durch Einschlagen anderer Zeichen ersetzt werden. Bei Kraftfahrzeugen kann die Prägung auch überspachtelt, durch Auftragsschweißen überdeckt, komplett herausgetrennt und durch Einschweißen eines anderen Bauteils mit Nummer ersetzt werden. Genietete Typenschilder werden in der Regel komplett ersetzt. In einigen Fällen wurden die Kennzeichnungen mittels Hammer zugeklopft.

---

122 Die theoretischen Ausführungen zu Kapitel 4.2.4 wurden mit fachlicher Unterstützung von Herrn Dipl.-Ing. (FH) Matthias Weber, Sachgebiet 52.2 LKA NRW gefertigt.
123 FIN: Fahrzeugidentifizierungsnummer.
124 Prägung: Nach DIN 8580 und DIN 8583 ein Fertigungsverfahren aus der Hauptgruppe Umformen.

Abb. 83: Individualnummer einer Pistole

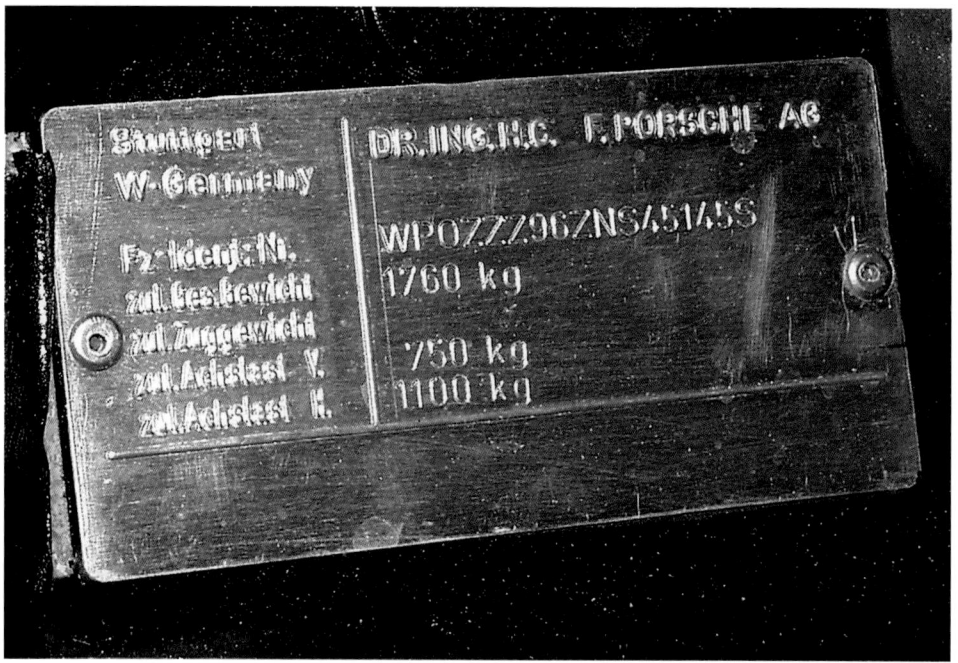

Abb. 84: FIN auf Typenschild eines VW Porsche

Abb. 85: Manipulierte FIN eines VW Porsche

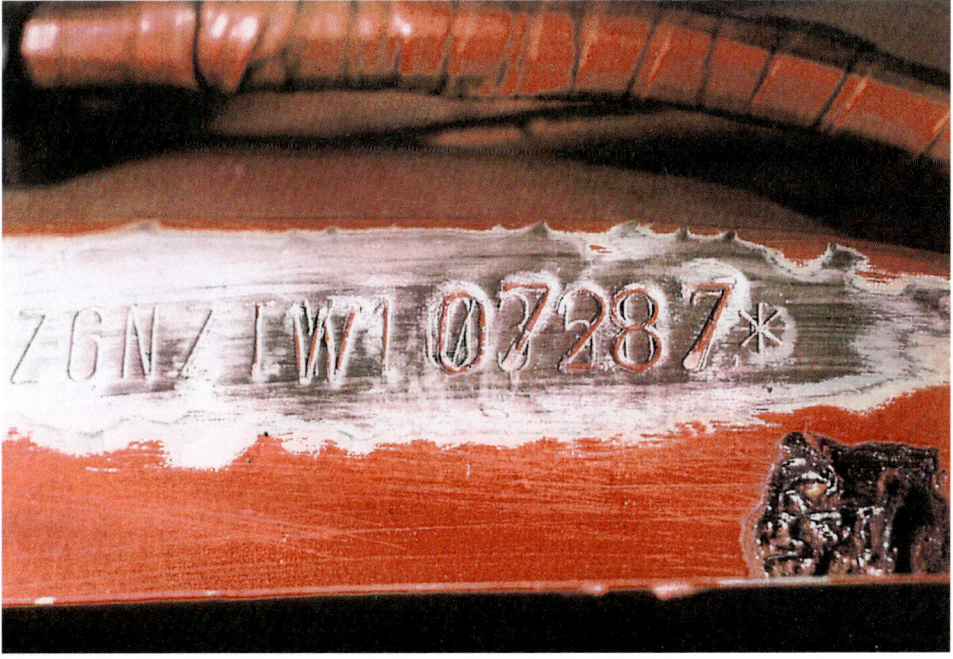

Abb. 86: Manipulierte FIN eines VW Polo

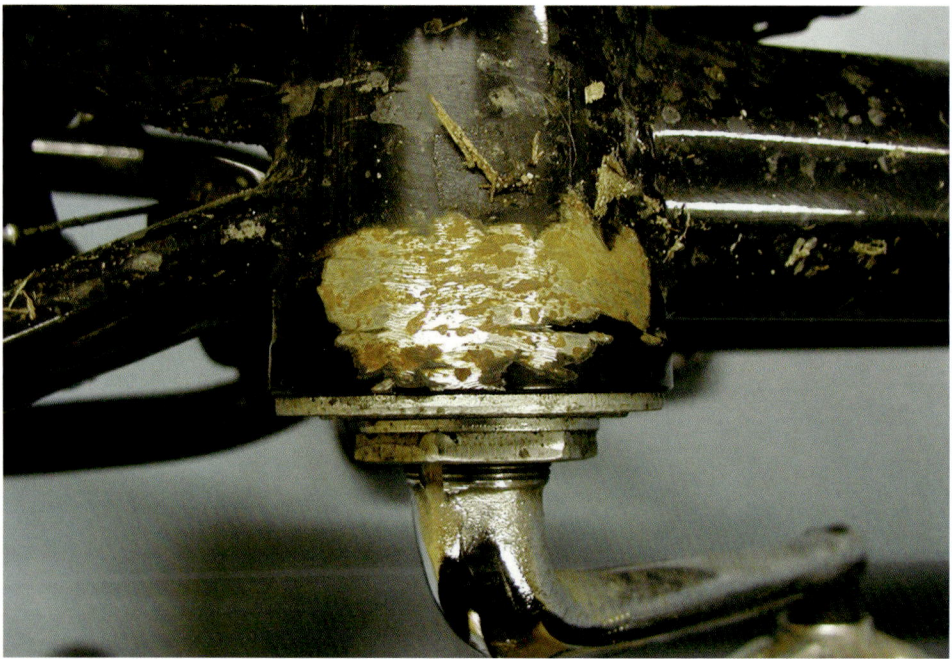

Abb. 87: Abgeschliffene Fahrradrahmennummer

Wiedersichtbarmachung
Wie im oberen Abschnitt kurz erwähnt, wird je nach Kennzeichnungsverfahren Material bis zu mehreren Millimetern in der Tiefe verdichtet, während das umliegende Material nicht beeinflusst wird.

Basis für die Rekonstruktion von Prägezeichen bildet die Tatsache, dass das durch den Prägevorgang beeinflusste Material veränderte physikalische Eigenschaften besitzt. Diese Eigenschaften machen sich Kriminaltechniker bei Anwendung der verschiedenen Verfahren zur Wiedersichtbarmachung zu Nutze. Neben den gebräuchlichsten Verfahren des chemischen Ätzens und der Wärmeeinbringung gibt es zahlreiche weitere Methoden (Magnetstreuflussverfahren, Reliefpolieren, Härtetopographie, Kavitationserosion etc.). Beim chemischen Ätzen werden die manipulierten Bereiche von Farbresten befreit, mit Hilfe von feinem Schleifpapier geschliffen und anschließend blank poliert. Anschließend wird ein nach einer vorgegebenen Rezeptur hergestelltes und für das jeweilige Material geeignetes Ätzmittel aufgebracht. Die Ätzlösung, die in der Regel einen hohen Anteil einer Säure enthält, bewirkt eine leichte Materialabtragung, deren Lösungsgeschwindigkeit in den beeinflussten und unbeeinflussten Bereichen differiert und eine unterschiedliche Lichtreflexion zur Folge hat. Die Rekonstruktionsdauer hängt dabei wesentlich vom Trägermaterial ab. Das gesamte Verfahren, einschließlich der rekonstruierten Prägezeichen, wird fotografisch dokumentiert und ggf. durch Abformungen gesichert.

Zuständigkeit
Das Sichtbarmachen und Begutachten entfernter Prägezeichen obliegt in NRW gemäß Ziffer 1.5 des Erlasses über kriminaltechnische Untersuchungsstellen und

Nachrichtensammelstellen den örtlich zuständigen KTU.[125] Die **Identifizierung von Kraftfahrzeugen** wird dort nicht expressis verbis angeführt, ergibt sich aber nach Ansicht der Autoren aus dem Sachzusammenhang und wird von verschiedenen KTU-Stellen als kriminaltechnische Aufgabe akzeptiert.

Abb. 88: Bearbeitete FIN eines VW Porsche

Abb. 89: Bearbeitete FIN eines VW Polo

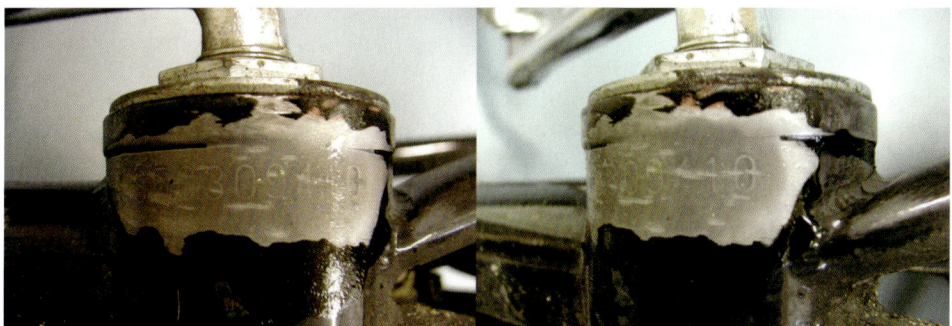

Abb. 90: Bearbeitete Fahrradrahmennummer

---

125 „Kriminaltechnische Untersuchungsstellen und Nachrichtensammelstellen", RdErl. des IM NRW – IV D1-6403 vom 06.07.1993 (MBl. NRW. S. 1282; Ber. S. 1679), geändert durch RdErl. vom 03.01.2008 (MBl. NRW. S. 12).

Anfangsverdacht
Manipulationen sind häufig nicht auf den ersten Blick erkennbar, weil die abgeschliffenen und überprägten Bereiche sauber überlackiert worden sind. Damit fehlt häufig bei Verkehrskontrollen ein Anfangsverdacht und somit die Zulässigkeitsvoraussetzungen für weitergehende Maßnahmen, wie beispielsweise die Beschlagnahme eines verdächtigen Fahrzeugs.

Der folgende Sachverhalt verdeutlicht beispielhaft den möglichen Ablauf einer Kontrolle sowie der Herleitung eines Anfangsverdachtes, der Beschlagnahme und anschließender kriminaltechnischer Untersuchung und Fahrzeugidentifizierung.

Beispielsachverhalt:
Im Rahmen einer allgemeinen Verkehrskontrolle wird der Pkw Audi A3, DU – MD 686, angehalten und überprüft. Im Fahrzeug sitzen zwei junge Männer, die sich als Osteuropäer ausweisen. Eine Sachfahndungsabfrage mit Kennzeichen und FIN verläuft negativ. Die im Motorraum angebrachte FIN sowie das Typenschild zeigen keine Anhaltspunkte für Manipulationen.

Die abgefragten Halterdaten erweisen sich als identisch mit den Daten des Fahrzeugführers. Aus den Standardabfragen lässt sich zunächst keinerlei Anfangsverdacht hinsichtlich einer Straftat im Zusammenhang mit dem kontrollierten Fahrzeug herleiten.

Die Personenüberprüfung im INPOL ergibt jedoch, dass beide Personen polizeiliche Erkenntnisse hinsichtlich der Verschiebung gestohlener Pkw ins osteuropäische Ausland haben.

Abb. 91: Kontrollierter Pkw Audi A3, DU-MD 686[126]

Damit wäre im vorliegenden Sachverhalt die Fahrzeugkontrolle beendet. Dennoch bleibt ein ungutes Gefühl, die beiden Personen mit dem Pkw unbehelligt weiterfahren zu lassen.

Die Herleitung eines Anfangsverdachts für weitergehende Maßnahmen beruht auf der Kennzeichnung von Fahrzeugteilen, wie Scheiben, Gurte, Steuergeräte, Aschenbecher usw., aus der Monat und Jahr der Produktion des jeweiligen Teiles abzulesen sind, entweder in Reinschrift oder verschlüsselt (Abbildungen 92 bis 94).

---
126 Ehemaliger Pkw eines der Autoren, Fahrzeug wurde 2009 verschrottet.

Abb. 92: Seitenscheibe hinten rechts. Produktionszeit Mai 1998

Abb. 93: Heckklappendämpfer. Produktionszeit 53. Tag 2008

Abb. 94: Aschenbecher. Produktionszeit Juni 2008

Die Verschlüsselungsvarianten der Hersteller sind relativ begrenzt und lassen sich problemlos über polizeiliche Auskunftssysteme erfragen und für die Arbeit vor Ort ausdrucken.

Die Produktion der Einzelteile erfolgt vor dem Zusammenbau und der Auslieferung des Kfz. Die heute effiziente Lagerhaltung der Produktionsfirmen von Zubehörteilen und der Fahrzeughersteller führt dazu, dass der Produktionszeitraum der Teile und die Fertigung des jeweiligen Kfz in einem begrenzten Zeitraum, meist nicht mehr als drei Monate, liegen. Somit müssen der Produktionszeitraum des Fahrzeuges und der der **überwiegenden** Einzelteile annähernd identisch sein.

Der Produktionszeitraum eines Fahrzeuges kann über die jeweilige Einsatzleitstelle oder die eigene Dienststelle über Auskunftssysteme wie FINAS (Fahrzeugidentifizierungs- und Auswertungssystem), FADA (Fahrzeugdaten-Datei – nur über die LKÄ –) oder EUFID (europäische Fahrzeugidentifizierungs-Datei) unter Eingabe der FIN abgefragt werden.

> *Im vorliegenden Sachverhalt erhalten die Kollegen über die Abfrage der FIN die Auskunft, dass der kontrollierte Audi A3 in einem Zeitraum von März 1997 bis Juni 1997 produziert wurde. Weiterhin wird festgestellt, dass die verbauten Einzelteile überwiegend aus dem Produktionsjahr 2001 stammen.*
>
> *Dabei ist zu berücksichtigen, dass einzelne Teile durchaus aufgrund von Verschleiß oder Defekt durch neue ersetzt werden müssen, das aber nicht für die Mehrzahl der Teile zutreffen kann.*

Damit ist die sogenannte logische Reihe unterbrochen und der Anfangsverdacht einer Manipulation gegeben. Das Fahrzeug wird beschlagnahmt und durch die zuständige KTU-Stelle einer kriminaltechnischen Untersuchung unterzogen, mit den Untersuchungsaufträgen

– Feststellungen von Manipulationen an der FIN,
– Rekonstruktion der ursprünglichen FIN,
– Fahrzeugidentifizierung.

Die Fahrzeugidentifizierung erfolgt mit Hilfe von EUFID und Datenblättern von Herstellern, die die Fundstellen der FIN, ihren Aufbau sowie den sogenannten Nummernkreislauf enthalten, der die Nummern von Getriebe, Motor, Airbag, die Produktionskennnummer usw. ausweist, die in diesem Fahrzeug, zugehörig zur ursprünglichen FIN, eingebaut wurden.

Im Beispielsachverhalt stellte sich bei der kriminaltechnischen Untersuchung und Vernehmung der Beschuldigten heraus, dass es sich hier um eine Schrottfrisierung handelt. Die Beschuldigten kauften ganz legal ein verschrottetes Fahrzeug mit Zulassungsbescheinigung II (ehemals Fahrzeugbrief) und entwendeten einen neueren, aber typgleichen Pkw. An allen ihnen bekannten Stellen wurde nun die FIN und das Typenschild aus dem Schrottfahrzeug herausgetrennt, fachgerecht in die entsprechenden Stellen des gestohlenen Pkw eingesetzt und überlackiert. Der entwendete Audi erhielt eine neue Identität und sollte nach Osteuropa verschoben und dort verkauft werden.

Erst die Diskrepanz in der logischen Reihe und die Herleitung eines Anfangsverdachtes ermöglichten eine weitergehende Untersuchung und die Aufdeckung dieser Arbeitsweise.

Das oben beschriebene Ätzverfahren musste bei der kriminaltechnischen Untersuchung in diesem Fall nicht angewandt werden.

Zu den Autoren

Christoph Frings, geb. 1961 in Solingen, Kriminaldirektor,

Dozent an der Fachhochschule für öffentliche Verwaltung (FHöV) NRW an der Abteilung Duisburg für Kriminalistik und Kriminaltechnik.

Seit 1981 Polizeivollzugsbeamter, 1983 – 1986 Einsatzhundertschaft und Wachdienst im PP Wuppertal, 1986 – 1989 Ausbildung zum gehobenen Dienst (Kriminalpolizei), 1989 – 1990 Kriminalpolizeilicher Sachbearbeiter für Eigentumsdelikte in Köln, 1990 – 1995 Kriminalpolizeilicher Sachbearbeiter für Sexualdelikte, Waffendelikte und Todesermittlungen in Solingen, 1995 – 1997 Ausbildung höherer Dienst an der Polizeiführungsakademie (jetzt DHPol) in Hiltrup, 1997 – 2002 Leiter Polizeiinspektion Süd im Landrat Mettmann. Seit 2002 Dozent an der FHöV NRW, Abteilung Duisburg für Kriminalistik und Kriminaltechnik. Örtlicher Fachkoordinator für Kriminalistik und Kriminaltechnik.

Frank Rabe, geb. 1962 in Duisburg, Kriminalhauptkommissar,

1982 Beginn der polizeilichen Laufbahn über die Schutzpolizei, 1991 mit Bestehen der II. Fachprüfung Laufbahnwechsel zur Kriminalpolizei und Spezialisierung zum kriminaltechnischen Sachverständigen.

Seit 1994 nebenamtliche Lehrtätigkeit an der FHöV NRW, langjährige Mitgliedschaft in einer Prüfungskommission für den Diplomstudiengang, aktuell Prüfer und Gutachter im Bachelorstudiengang.

Mitentwickler der digitalen Beweisfotografie in NRW, seit 2000 regelmäßige Vortragstätigkeit für das LAFP und Veröffentlichung von Fachartikeln. Vertreter des Fachbereiches ED/KTU in der 2007 ins Leben gerufenen Fachkommission zur Planung und Verwirklichung von IT-Verfahren in NRW (FakoIT).

Prozessverantwortlicher für die Akkreditierung des daktyloskopischen Labors bei der KTU Duisburg (KUAN).

Quellenverzeichnis

Ackermann / Clages / Roll: Handbuch der Kriminalistik, 4. Auflage, Boorberg Verlag, Stuttgart 2011

AK II der Innenminsterkonferenz; Projektgruppe „Digitale Bildaufnahme und Übertragung" (Hrsg.): gleichnamige Rahmenrichtlinie vom 03.08.2005

Amerkamp: Spezielle Spurensicherungsmethoden, 2. Auflage, Verlag für Polizeiwissenschaft, Frankfurt 2008

Anders / Bratzke / Gotthardt / Parzeller (Hrsg.): Die Bearbeitung von Tötungsdelikten, Boorberg Verlag, Stuttgart 2006

Berthel / Mentzel / Neidhardt / Schröder / Spang / Weihmann: Grundlagen der Kriminalistik/Kriminologie, Lehr- und Studienbriefe Kriminalistik/Kriminologie, Band 1, 3.Auflage, Verlag Deutsche Polizeiliteratur, Hilden 2008

Buddenbrock: Mantrailing für den Realeinsatz, Kynos Verlag, Nerdlen/Daun 2006

Bundeskriminalamt (Hrsg.): Anleitung Tatortarbeit – Spuren (Stand der Einsichtnahme: 08/2015)

Bundeskriminalamt (Hrsg.): ED-Richtlinien Stand 15.06.2010, BKA-Blatt 97/2010 vom 25.08.2010

Bundeskriminalamt (Hrsg.): Leitfaden 385 (überholt durch ATOS)

Bundeskriminalamt, Referat KI 32 (Hrsg.): Standard des daktyloskopischen Identitätsnachweises, Stand Juni 2010

Bundesministerium des Inneren (Hrsg.): Polizeiliche Kriminlstatistik 2014, Berlin 2015

Cicha: Die Ermittlung von Brandursachen, 2. Auflage, Boorberg Verlag, Stuttgart 2013

Clages: Polizeiliche Tatortarbeit, in: Kriminalistik 2/2002 – 8-9/2002

Clages / Zimmermann: Kriminologie, 2. Auflage, Verlag Deutsche Polizeiliteratur, Hilden 2010

Deutsches Institut für Normung e.V. (Hrsg.): DIN 8580: 2003-09

FHDI: http://www.fhdi.co.uk/equipment.html. (Aufruf 25.02.2016) (Bildquelle)

Hirschi: Identifizierung von Ohrabdruckspuren, in: Kriminalistik 2/1970, S.75–79

Holzmann: Brandermittlung, Lehr- und Studienbriefe Kriminalistik/Kriminologie, Band 10, Verlag Deutsche Polizeiliteratur, Hilden 2008

Innenministerium NRW: Aufgaben der Polizei bei Verkehrsunfällen, RdErl. vom 25.08.2008 - 41 - 61.05.01 - 3 - (MBl. NRW. S. 470), zuletzt geändert durch RdErl. vom 18.12.2012 (MBl. NRW. S. 742)

Innenministerium NRW: Bearbeitung von Straftaten gegen die sexuelle Selbstbestimmung, RdErl. vom 3.2.2004 - 42 – 6503 (MBl. NRW. S. 229)

Innenministerium NRW: Kriminaltechnische Untersuchungsstellen und Nachrichtensammelstellen, RdErl. vom 06.07.1993 –IV D1-6403 (MBl. NRW. S. 1282; Ber. S. 1679), geändert durch RdErl. vom 03.01.2008 (MBl. NRW. S. 12)

Innenministerium NRW: Schusswaffenerkennungsdienst, RdErl. vom 13.01.1993 -IV D I - 6403 (MBl. NRW. S. 314)

Intrapol.polizei.nrw.de / Kriminalitaet/Kriminaltechnik/DNAAnalyse/Seiten/Referenzdat.aspx, 14.07.2015

Katterwe/Brandes/Eisgruber/Grimmer/Küppers/Marquardt/Pohl: Harmonisierte Befundbewertungsskala für kriminaltechnische Untersuchungen, in: Kriminalistik 12/2007, S. 745–750

Kindhäuser: Strafprozessrecht, 3. Auflage, Nomos Verlagsgesellschaft, Baden-Baden 2013

Kirchhoff: IUK-Kriminaltität (Cyberkriminalität), in Kriminalistik 7/2013, S. 491–495

Kramer: Grundlagen des Strafverfahrensrechts, 8. Auflage, Verlag W. Kohlhammer, Stuttgart 2014

Krekeler/Löffelmann/Sommer: Anwaltkommentar Strafprozessordnung, 2. Auflage, Deutscher Anwalt Verlag, 2010

Landesamt für Zentrale Polizeiliche Dienste (LZPD) NRW 2010: Fast-ID

Landeskriminalamt Nordrhein-Westfalen: Cybercrime in Nordrhein-Westfalen – Lagebild 2013, Düsseldorf 2014

Landeskriminalamt Nordrhein-Westfalen, Dezernat 55.2: Infoblatt Stand 04/2009

Landeskriminalamt Nordrhein-Westfalen, Dezernat 56.2: AFIS

Lorra/Jaeger: Laserscanner können Tatortarbeit revolutionieren, in: der kriminalist 12/2004, S. 479–484

Mätzler: Todesermittlung – Polizeiliche Aufklärungsarbeit Grundlagen und Fälle, 4. Auflage Kriminalistik Verlag Heidelberg 2009

Meyer-Goßner/Schmitt: Beck'scher Kurzkommentar zur Strafprozessordnung, 58. Auflage, Verlag C.H. Beck, München 2015

Ministerium für Inneres und Kommunales NRW: Bekämpfung der Kriminalität unter Nutzung von Informations- und Kommunikationstechnik durch die Polizei des Landes Nordrhein-Westfalen (Bekämpfung der IuK-Kriminalität), RdErl. vom 29.02.2012 - 423-62.18.09 - (MBl. NRW. 2012 S. 139)

Ministerium für Inneres und Kommunales NRW: Erl. vom 26.04.2013 – 422-62.09.09

Ministerium für Inneres und Kommunales NRW: Erl. vom 12.05.12014 – 405-25.09.05

Möllers (Hrsg.): Wörterbuch der Polizei, 2. neu bearbeitete Auflage, Verlag C.H. Beck, München 2010

Musch Studiotechnik GmbH, D-63322 Rödermark (Hrsg.): Produktblatt

Pfefferli (Hrsg): Die Spur, Ratgeber für die spurenkundliche Praxis, 5. Auflage,

Polizei-Fach-Handbuch, Loseblattsammlung, Verlag Deutsche Polizeiliteratur, Hilden

Polizeipräsidium Essen/KK 43.1-Daktyloskopie (Hrsg.): Begleitmaterial zum Lehrgang „KP 2" (Daktyloskopische Identifizierung) 1992, Gutachten

Projectina AG: http://www.projectina.ch (Aufruf: 25.02.2016) (Bildquelle)

Rat der Europäischen Kommission: Rahmenbeschluss 2009/905/JI vom 30.11.2009 über die Akkreditierung von Anbietern kriminaltechnischer Dienste, die Labortätigkeiten durchführen

Roll: Tatortarbeit, Lehr- und Studienbriefe Kriminalistik/Kriminologie Band 8, 2. Auflage, Verlag Deutsche Polizeiliteratur, Hilden 2013

Schmickler/Brings/Schlotmann: Technische IT-Konzeption LR Neuss vom 23.12.2006, veröffentlicht Intranet Polizei NRW

Schacht/Bopp/Frese: Praktische Eigensicherung, 4. Auflage, Verlag Deutsche Polizeiliteratur, Hilden 2003

Weber-Lehmann/Schilling/Gradl/Richter/Wiehler/Rolf: Finding the needle in the haystack: Differentiating "identical" twins in paternity testing and forensics by ultra-deep next generation sequencing, in: Forensic Science International: Genetics 09/2014, S. 42–46

Wirth (Hrsg.): Kriminalistik Lexikon, Kriminalistik Verlag, Heidelberg 2011

Wueller, Dietmar (Dipl. Ing.): Richtlinien fur die Erstellung und Verwendung elektronischer Stehbilder (2003), http://docplayer.org/2116897-Verwendung-elektronischer-stehbilder-digitaler-fotografien.html (Aufruf 26.11.2015)

Abbildungsverzeichnis

Abb. 1 Unterteilung der Kriminalwissenschaften 7
Abb. 2: Verwendete Tatwaffe mit blutsuspekten Anhaftungen an Klinge und Messergriff 9
Abb. 3: Übersicht über die verschiedenen Spurenbegriffe 12
Abb. 4: Tatwaffe mit blutsuspekten Anhaftungen, aber auch zu erwartenden Fingerspuren 13
Abb. 5: Unterscheidung der Spurenarten, Formspuren und Gleitriefen 14
Abb. 6: Papillarlinienbild eines Fingerabdrucks als Formspur 16
Abb. 7: Ablaufschema kriminaltechnischer Untersuchungen in NRW 21
Abb. 8: Beispiel für Passstück: Abgedrehter Schließzylinder 28
Abb. 9: Unterscheidung des Tatortbegriffs 31
Abb. 10: Tatort im strafrechtlichen Sinn 31
Abb. 11: Tatort im kriminalistischen Sinn 32
Abb. 12: Ziele des Ersten Angriffs 34
Abb. 13: Optische Hilfsmittel 40
Abb. 14: Spuren am Tatort mit Querschnittswandler 41
Abb. 15: Lichtführung via LED-Leisten 41
Abb. 16: Koaxiales LED-Auflicht 42
Abb. 17: Fotografie einer Schuhspur auf Gelfolie; Lichtführung über Querschnittswandler 42
Abb. 18: Detailaufnahme Messer (Schliff und Gravur) mit LED-Streiflicht 43
Abb. 19: In Staub gelegte Fingerpuren; Lichtführung über Querschnittswandler 43
Abb. 20: Daktyspur auf DVD (links Schräglicht; rechts koaxiales Auflicht) 44
Abb. 21: Spurensuche unter UV-Licht 45
Abb. 22: Prüf-Plaketten mit und ohne UV-Licht 46
Abb. 23: Geldschein unter UV-Licht 47
Abb. 24: Ruß- und Magnetpulver (Adhäsionsmittel) 47
Abb. 25: Fluoreszenzpulver 48
Abb. 26: DLK 49
Abb. 27: ESDA 49
Abb. 28: Schablone Maßstab 1:200 52
Abb. 29: Skizze MS Visio 53
Abb. 30: Skizze MS Visio 53
Abb. 31: Original 55
Abb. 32: Manipulation 55
Abb. 33: Arbeitsschritte der Bildaufbereitung sind anerkannte Hilfsmittel, wie auch Kameraeinstellung, Wahl des Bildausschnittes, Objektentfernung, etc. 56
Abb. 34: Tatort mit Vollsphären und visueller Dokumentation 58
Abb. 35: Luftbilddokumentation 59
Abb. 36: Asservatenliste 66
Abb. 37: Asservatenbeschriftung 66
Abb. 38: Querschnitt durch die menschliche Haut eines Fingers 68

Abb. 39: Finger mit deutlich sichtbaren Papillarlinien *69*
Abb. 40: Schleifenmuster *70*
Abb. 41: Schleifenmuster *70*
Abb. 42: Schleifenmuster *71*
Abb. 43: Wirbelmuster *71*
Abb. 44: Wirbelmuster *71*
Abb. 45: Wirbelmuster *71*
Abb. 46: Bogenmuster *72*
Abb. 47: Bogenmuster *72*
Abb. 48: Grundmusterelemente und ausgesuchte Minuzien *72*
Abb. 49: Cyanacrylatspuren in Übersicht und Detailaufnahmen *76*
Abb. 50: Ninhydrinspur auf Normalpapier *77*
Abb. 51: Ninhydrinspur auf Thermopapier *77*
Abb. 52: Spurenkarte *78*
Abb. 53: Anwendung „LiveScan", Startbildschirm *83*
Abb. 54: Das Modul Fast ID zur schnellen Personenidentifizierung *84*
Abb. 55: Das Modul Fast ID zur schnellen Personenidentifizierung *85*
Abb. 56: Die digitale ED-Behandlung im Rahmen von LiveScan *86*
Abb. 57: Die digitale ED-Behandlung im Rahmen von LiveScan *86*
Abb. 58: Erkennungsdienstliche Behandlung nach § 81b StPO *87*
Abb. 59: Wesentliche Rechtsgrundlagen der erkennungsdienstlichen Behandlung *88*
Abb. 60: Variantenreichtum von Ohrabdrücken *90*
Abb. 61: Größenbestimmung bei Ohrabdrücken *90*
Abb. 62: Individualmerkmale in Tatortspur, Vergleichsabdruck und Schuhsohle (vergleichende Untersuchung) *94*
Abb. 63: Rechnerunterstützte Schuhspurensammlung, hier „SCHARS" *97*
Abb. 64: Schaufel vom Schraubendreher *101*
Abb. 65: Hebelmarken im Fensterrahmen *101*
Abb. 66: Klinge vom Schraubendreher *102*
Abb. 67: Gleitriefen Übersicht *102*
Abb. 68: Gleitriefe Detail *103*
Abb. 69: Kopf einer Polygripzange *104*
Abb. 70: Zähne der Polygripzange *105*
Abb. 71: Schließzylinder mit Griffspuren von Zangen *106*
Abb. 72: Doppelgabelschlüssel mit Spur *106*
Abb. 73: Rollgabelschlüssel mit Spur *107*
Abb. 74: Spur von einem Brechwerkzeug auf Langschild *107*
Abb. 75: Vergleich Spur-Tatwerkzeug *109*
Abb. 76: Ergebnisbewertungsskala Werkzeugspuren *110*
Abb. 77 Übersicht über einige gängige Werkzeuge *111*
Abb. 78: Zweikomponentenabformmasse *114*
Abb. 79: Erzeugen und Abformen von Vergleichsspuren *115*
Abb. 80: Vergleichsmikroskop *115*
Abb. 81: An der Stulpschraube durchgebrochener Schließzylinder *117*

Abb. 82: Zerlegter Schließzylinder (Picking) *118*
Abb. 83: Individualnummer einer Pistole *120*
Abb. 84: FIN auf Typenschild eines VW Porsche *120*
Abb. 85: Manipulierte FIN eines VW Porsche *121*
Abb. 86: Manipulierte FIN eines VW Polo *121*
Abb. 87: Abgeschliffene Fahrradrahmennummer *122*
Abb. 88: Bearbeitete FIN eines VW Porsche *123*
Abb. 89: Bearbeitete FIN eines VW Polo *123*
Abb. 90: Bearbeitete Fahrradrahmennummer *123*
Abb. 91: Kontrollierter Pkw Audi A3, DU-MD 686 .... *124*
Abb. 92: Seitenscheibe hinten rechts. Produktionszeit Mai 1998 .... *125*
Abb. 93: Heckklappendämpfer. Produktionszeit 53. Tag 2008 .... *125*
Abb. 94: Aschenbecher. Produktionszeit Juni 2008 .... *126*

Stichwortverzeichnis

A
Abdruckspuren 16
Adhäsionsmittel 75
Aliaspersonalien 87
Altersbestimmung 30
Anatomische Merkmale 70
Augenscheinbeweis 24
Ausschluss 27
Auswertungsangriff 34
Automatisiertes Fingerabdruck-Identi-
    fizierungssystem (AFIS) 81

B
Behördengutachten 22
Berechtigtenausschluss 79
Beweisaufnahme 24
Beweisen 24
Beweiskraft 23
Beweiswert 23
Bildbearbeitung 56
Bogenmuster 70
Bundeskriminalamt (BKA) 17

C
Cyanacrylatbedampfung 75

D
Daktyloskopie 68
Delta 73
Detailaufnahmen 63
Diebesfallen 47
Digitalaufnahmen 52
Digitale Spuren 17
Dokumentation 51

E
Echte Spuren 12
Eindruckspuren 16, 93, 99
Ereignisort 33
Erkennungsdienst 18
Erster Angriff 34
EUFID 126

F
FADA 126
Fast ID 84
Fast Identification Modul 84
FINAS 126

Fingerabdrücke 69
Fluoreszenzpulver 47
Formspuren 16
Fotografische Sicherung 63
Freibeweisverfahren 24
Führungspersonalien 87
Fundort 33

G
Gegenstandsspuren 15
Grundmuster 69
Gruppenbeweis 27
Gruppenidentifizierung 27
Gutachten 22

H
Heuristik 38
Hilfsmittel der Spurensuche 39
Hilfsspurenträger 63

I
Individualbeweis 27
Individualidentifizierung 27
Individualnummern (FIN) 119
Indiz 30
Informatorische Befragung 35

K
Kaltlichtlampe 44
Kriminalhauptstellen (KHSt) 19
Kriminalistik 7
Kriminalistischer Tatort 32
Kriminaltechnik 7
Kriminaltechnische Untersuchungs-
    stellen 19
Kriminologie 7

L
Landeskriminalamt (LKA) 18
Licht 40
Lichtbildmappen 54
LiveScan 83

M
Magnetpulver 47
Materialspuren 15
Monobildverfahren NRW 60

N
Nachrichtensammelstelle 80
Nachrichtensammelstellen (NSST) 20
Ninhydrin 75

O
Ohrabdrücke 89
Optische Hilfsmittel 40
Optische Verfahren 75

P
Papillarleisten 68
Personenfeststellungsverfahrens 87
Photogrammetrieverfahren 60
Prägezeichen 119

Q
Querschnittswandler 44

R
Reifenabdruckspuren 99
Rußpulver 47

S
Sachbeweis 24, 25
Sachverständigenbeweis 24
Sachverständiger 21
Sachverständiger Zeuge 23
Sammlungsvergleich 29
SCHARS 98
Schleifenmuster 70
Schuhabdruckspuren 93
Schuhspurensammlungen 97
Schutzbekleidung 37
Sicherungsangriff 34
Situationsspuren 15
Skizzen 52
Spuren 11
Spurenarten 13
Spurenkomplex 12
Spurenkonkurrenzen 76
Spurensicherung 62

Spurensicherungsbericht 51
Spurensuche 36
Spurenträger 12, 63
Spurenverursacher 12
Spur-Spur-Treffer 81
Strengbeweis 24
Substanzabhebung 93
Substanzübertragung 93
Systematik der Spurensuche 38

T
Tatortabsperrung 37
Tatortbefundbericht 51
Tatort im engeren Sinne 32
Tatort im weiteren Sinne 32
Tatort-/Unfallskizzen 52
Tatortvermessung 60
Tatspurenzusammenhänge 81
Technische Formspuren 93
Telebild 85
Trugspuren 79

U
Übersichtsaufnahmen 63
Unechte Spuren 79
Urkundenbeweis 24
UV-Licht 46

V
Vergleichsabdrücke 79
Verpackung 64
Vollsphärische Digitalaufnahmen 57

W
Werkzeugspuren 100
Werkzeugspurensammlung 112
Wirbelmuster 70

Z
Zeugenbeweis 24